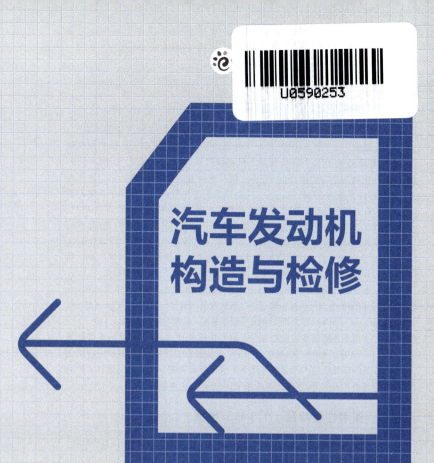

汽车发动机构造与检修

▶主 编 邹洪富　龚艳丽　夏　凯
▶副主编 袁金海　李　琼　葛　毅
　　　　 戴继明　葛胜升
▶参 编 王志辉　杨承阁　岳　静
　　　　 李宣宣　余　亮

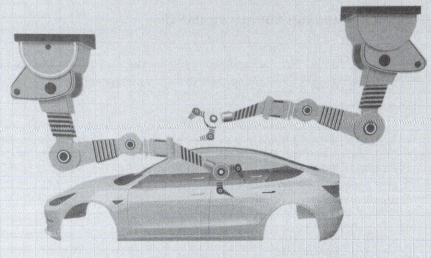

中国教育出版传媒集团

高等教育出版社·北京

内容简介

本书是国家职业教育汽车制造与试验技术(原汽车制造与装配技术)专业教学资源库建设课程、首批课程思政示范课程"汽车发动机装配与检测"配套教材,主要内容包括发动机检修基础,曲柄连杆机构构造与检修,配气机构构造与检修,电控燃油喷射系统构造与检修,润滑系统构造与检修,冷却系统构造与检修,点火、起动系统构造与检修。本书基于新时期职业教育的新理念和新要求,以"岗课赛证融通"综合育人模式改革为指引,以真实工作任务为载体进行学科知识点与职业技能点的融合,以适用、够用为原则进行梯度化技能任务设置,培养学生必备的汽车发动机检修理论知识,并强化汽车发动机检修职业能力。全书引入大量动画、视频等可视化数字资源,直观易懂,构建理实交融递进的知识技能学习体系,知行合一。

本书重点/难点的知识点/技能点配有动画、微课、电子课件等丰富的数字化资源,视频类资源可通过扫描书中二维码在线观看,学习者也可登录智慧职教(www.icve.com.cn)搜索课程"汽车发动机装配与检测"进行在线学习。

本书可作为高等职业教育汽车制造与试验技术、汽车检测与维修技术等汽车相关专业教材,也可作为"1+X"职业技能等级证书培训教材,同时还可作为汽车维修技术人员参考用书。授课教师如需本书配套的教学课件等资源或其他需求,可发送邮件至 gzjx@ pub.hep.cn 获取。

图书在版编目(CIP)数据

汽车发动机构造与检修 / 邹洪富,龚艳丽,夏凯主编. -- 北京:高等教育出版社,2023.9
ISBN 978-7-04-059069-2

Ⅰ.①汽… Ⅱ.①邹… ②龚… ③夏… Ⅲ.①汽车-发动机-构造②汽车-发动机-车辆修理 Ⅳ.①U472.43

中国版本图书馆 CIP 数据核字(2022)第 131350 号

QICHE FADONGJI GOUZAO YU JIANXIU

策划编辑	姚 远	责任编辑	姚 远	封面设计	赵 阳	版式设计	马 云
责任绘图	杨伟露	责任校对	陈 杨	责任印制	高 峰		

出版发行	高等教育出版社	网　址	http://www.hep.edu.cn
社　址	北京市西城区德外大街 4 号		http://www.hep.com.cn
邮政编码	100120	网上订购	http://www.hepmall.com.cn
印　刷	北京汇林印务有限公司		http://www.hepmall.com
开　本	787mm×1092mm　1/16		http://www.hepmall.cn
印　张	16.25		
字　数	360 千字	版　次	2023 年 9 月第 1 版
购书热线	010-58581118	印　次	2023 年 9 月第 1 次印刷
咨询电话	400-810-0598	定　价	43.80 元

"智慧职教" 服务指南

"智慧职教"（www.icve.com.cn）是由高等教育出版社建设和运营的职业教育数字教学资源共建共享平台和在线课程教学服务平台，与教材配套课程相关的部分包括资源库平台、职教云平台和 App 等。用户通过平台注册，登录即可使用该平台。

● 资源库平台：为学习者提供本教材配套课程及资源的浏览服务。

登录"智慧职教"平台，在首页搜索框中搜索"汽车发动机装配与检测"，找到对应作者主持的课程，加入课程参加学习，即可浏览课程资源。

● 职教云平台：帮助任课教师对本教材配套课程进行引用、修改，再发布为个性化课程（SPOC）。

1. 登录职教云平台，在首页单击"新增课程"按钮，根据提示设置要构建的个性化课程的基本信息。

2. 进入课程编辑页面设置教学班级后，在"教学管理"的"教学设计"中"导入"教材配套课程，可根据教学需要进行修改，再发布为个性化课程。

● App：帮助任课教师和学生基于新构建的个性化课程开展线上线下混合式、智能化教与学。

1. 在应用市场搜索"智慧职教 icve"App，下载安装。

2. 登录 App，任课教师指导学生加入个性化课程，并利用 App 提供的各类功能，开展课前、课中、课后的教学互动，构建智慧课堂。

"智慧职教"使用帮助及常见问题解答请访问 help.icve.com.cn。

前　言

本书的编写贯彻党的二十大的最新教育方针与科教兴国战略，落实立德树人根本任务，立足汽车领域培养高素质技术技能型人才需求与现代职业教育体系推进高质量发展要求，吸纳、汇聚近年来职业教育教学改革研究的多方成果经验，开展"育人育才"教学体系协同开发与课程思政融合研究。深入落实《国家职业教育改革实施方案》指导思想，从学生学习特点和岗位能力需求出发，整合校企多方优质资源，构建工学结合、理实一体的学习体系。本书在编写过程中，引入工作过程系统化建构策略，通过行动领域确定学习领域，按照知识、技能、素养等目标要求对相关知识体系进行解构与重构，开发微课、动画等形式多样的颗粒化教学资源。全书内容叙述力求深入浅出，将知识点与技能点有机结合，注重培养学生职业素养、知识应用能力和解决实际问题能力。

本书具有以下特色。

1. 强化学生职业素养的塑造。根据教育部最新印发的《高等学校课程思政建设指导纲要》要求，从汽车机电维修岗位职业能力要求出发，结合相关学习任务的内容属性，有效融入安全作业、操作规范、工匠精神等思政元素，将发动机检修技能、汽车产业专业素养、"1+X"职业技能等级证书考核要求与职业精神内涵相融通，实现价值塑造、知识传授和能力培养紧密融合。

2. 强化学生职业能力的培育。本书在内容设置上，坚持以人为本，以产业发展需求为导向，注重职业技能强化，有效融入汽车专业领域"1+X"职业技能等级标准，对接"1+X"汽车运用与维修职业技能等级证书——动力与驱动系统综合分析技术中级模块。

3. 强化学习体系的适用性与效能性建设。本书在结构设计上，遵循学生认知规律，参照职业活动流程，立足能学辅教原则，基于工作过程分析、完善、改造知识体系；丰富教学资源形态，依托国家专业教学资源库项目，开发大量数字化教学资源，支持信息化背景下线上线下混合式教学。

本书由湖南工业职业技术学院邹洪富、龚艳丽、夏凯担任主编，湖南工业职业技术学院袁金海、李琼、葛毅、戴继明，芜湖职业技术学院葛胜升担任副主编，湖南工业职业技术学院王志辉、杨承阁、岳静、李宣宣、吉利汽车研究院有限公司余亮参与编写。项目一由邹洪富主持编写，葛胜升参与编写；项目二由夏凯主持编写，余亮参与编写；项目三由龚艳丽主持编写，王志辉参与编写；项目四由李琼主持编写，岳静参与编写；项目五由葛毅主持编写，杨承阁参与编写；项目六由戴继明主持编写，葛胜升参与编写；项目七由袁金海主持编写，李宣宣参与编写。

本书在编写过程中，参考了大量国内外技术资料和文献，得到了许多同行的大力支持，在此谨向所参考资料的作者及关心、支持本书编写的同行们表示衷心的感谢。

限于编者水平，书中难免有疏漏错误或不妥之处，敬请广大读者和业内专家批评指正。

编者

2023 年 1 月

目　录

项目一 >>>

·······································

发动机检修基础

项目描述

　　汽车发动机是汽车的心脏，为汽车的行驶提供动力，关系着汽车的动力性、经济性、环保性。简单来说，发动机就是一个能量转换机构，将汽油（柴油）或天然气的化学能通过在密封气缸内燃烧使气体膨胀，推动活塞做功，转换为机械能，并通过传动系统驱动汽车行驶。发动机包含很多零部体，对其进行检修的过程需要应用到各种类型的工具。正确与熟练地使用这些工具既能提高工作效率又能确保零部件、工具不至于损坏。

　　本项目主要介绍汽车发动机的分类、组成、工作原理及其常用维修工具和量具。通过本项目的学习，应从整体上认识发动机总成、熟悉发动机常用维修工具量具，为后续任务的学习奠定基础。

任务一 ▶▶▶

发动机总体认知

视频
发动机功用

【任务引入】

在汽车的检修中，发动机的检修占据较大比重。要对发动机进行检修，首先就要认识各种类型的发动机，熟悉发动机的总体构造，理解发动机的工作原理。通过对发动机各系统的全面认知及工作过程的清晰理解，为后期学习发动机的检修打下基础。

【任务目标】

素质目标

1. 树立牢固的安全意识、规范意识、质量意识、责任意识；

2. 磨砺吃苦耐劳的意志品质，锤炼严谨细致的工作作风，弘扬爱岗敬业的职业精神。

知识目标

1. 熟悉发动机的类型与组成；

2. 掌握发动机常用术语；

3. 理解发动机的工作原理。

能力目标

1. 能够识别发动机的类型；

2. 能够说出发动机的组成和各部分功用；

3. 能够描述四冲程发动机的具体工作过程。

知识拓展：汽车维修场地安全警示标志

一般汽车维修车间的设备和墙壁等处都贴有各类安全警示标志，主要有禁止类标志和警示类标志两种。这些安全警示标志提醒维修人员在使用机械、电器等设备时，应注意安全，避免造成人身伤害或是设备损坏。

（1）禁止类标志是提醒人们不允许做的事，示例如图1-1-1所示。

图 1-1-1　禁止类标志

（2）警示类标志是提醒人们在工作时要注意的内容，示例如图 1-1-2 所示。

图 1-1-2　警示类标志

【任务学习】

▶　理论引导

一、发动机的分类

微课
发动机的分类

　　发动机是将其他形式的能量转换为机械能的一种热机，有内燃机和外燃机之分。燃料在机械内部燃烧做功的热机称为内燃机，通过外部燃料燃烧加热闭环工质做功的热机称为外燃机。车用发动机以内燃机为主。目前，车用发动机种类繁多，不同车型配置的发动机又分为不同的类型。

　　1. 按照所用燃料分类

　　按照所用燃料不同，发动机可以分为汽油机、柴油机和气体燃料发动机。使用汽油燃料的发动机称为汽油发动机，如图 1-1-3 所示；使用柴油燃料的发动机称为柴油发动机，如图 1-1-4 所示；以天然气、液化石油气和其他气体为燃料的发动机称为气体燃料发动机，如图 1-1-5 所示。

　　🔔 **知识提示**：汽油发动机转速高、质量轻、噪声小、起动容易、制造成本低；柴油发动机压缩比大、热效率高、经济性能好；气体燃料发动机节能环保、使用成本低。

　　2. 按照活塞的运动方式分类

　　按照活塞运动方式的不同，活塞式发动机可分为往复活塞式发动机和旋转活塞式发动机两种。往复活塞式发动机，活塞在气缸内做往复直线运动，如图 1-1-6 所示；旋转活塞式发动机，活塞在气缸内做旋转运动，如图 1-1-7 所示。目前使用的发动机以往复活塞式发动机居多。

图 1-1-3　汽油发动机

图 1-1-4　柴油发动机

图 1-1-5　气体燃料发动机

图 1-1-6　往复活塞式发动机

图 1-1-7　旋转活塞式发动机

3. 按照行程数分类

按照完成一个工作循环所需的行程（冲程）数，发动机可以分为四冲程内燃机和二冲程内燃机，分别如图1-1-8和图1-1-9所示。四冲程发动机是每完成一个工作循环，曲轴转两圈，活塞在气缸内上下往复运动四个行程。二冲程发动机是每完成一个工作循环，曲轴转一圈，活塞在气缸内上下往复运动两个行程。目前，汽车发动机主要使用四冲程发动机。

图1-1-8　四冲程发动机　　　　　　　　　图1-1-9　二冲程发动机

4. 按照冷却方式分类

按照冷却方式不同，发动机可以分为水冷发动机和风冷发动机，分别如图1-1-10和图1-1-11所示。水冷发动机是利用冷却液作为冷却介质，在气缸体和气缸盖冷却水套中进行循环冷却，实现对发动机机体的温度控制；而风冷发动机的冷却介质是流动于气缸体与气缸盖外表面散热片之间的空气。水冷发动机冷却均匀、工作可靠、冷却效果好，被广泛应用于现代车用发动机。

图1-1-10　水冷发动机　　　　　　　　图1-1-11　风冷发动机

5. 按照气缸数目分类

按照气缸数目不同，发动机可以分为单缸发动机和多缸发动机，现代车用发动机以多缸发动机为主。轿车用发动机一般是四缸发动机，如图1-1-12所示；目前由于排放和油耗相关法规的要求，市场上也规模性地出现了使用三缸发动机的轿车，三缸发动机如图 1-1-13 所示。

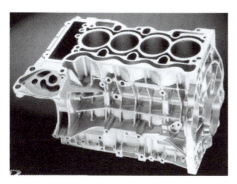

图 1-1-12 四缸发动机

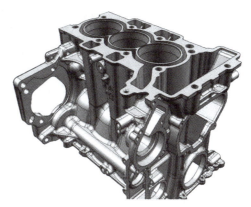

图 1-1-13 三缸发动机

6. 按照气缸排列方式分类

按照气缸排列方式不同，发动机可以分为单列式发动机和双列式发动机。单列式发动机主要是直列式发动机，直列四缸发动机被广泛应用于现代汽车上。直列四缸发动机的所有气缸均排成一个平面，它的气缸体和曲轴结构简单，而且使用一个气缸盖，如图 1-1-14 所示。直列式发动机具有制造成本较低、稳定性高、低速扭矩特性好、燃料消耗少、尺寸紧凑等优点，但功率较低。直列式发动机一般用 L 代表，后面加上气缸数就是发动机代号，如：L3、L4 型发动机。双列式发动机包含 V 形、W 形和水平对置发动机，W 形发动机如图 1-1-15 所示，水平对置发动机如图 1-1-16 所示。

图 1-1-14 直列式发动机

图 1-1-15 V 形发动机

7. 按照进气方式分类

按照进气系统是否采用增压方式，发动机可以分为自然吸气发动机和增压发动

图 1-1-16　水平对置发动机

机，如图 1-1-17 和图 1-1-18 所示。如果在发动机参数配置看到如 1.5L 和 1.5T，其中 1.5L 中的 L 表示自然吸气发动机，1.5T 中的 T 则表示增压发动机。

图 1-1-17　自然吸气发动机

图 1-1-18　增压发动机

🔔 **知识提示：** 发动机分类方式有很多种，目前轿车上应用最多的发动机是直列、四缸、水冷、四冲程、往复活塞式汽油发动机。

微课
发动机的组成

二、发动机的组成

　　发动机的结构形式众多，由于目前使用的发动机基本原理相同，所以它们的基本结构也大体相同。就往复活塞式发动机而言，汽油发动机通常由曲柄连杆机构、配气机构（两大机构）和燃油供给系统、冷却系统、润滑系统、起动系统、点火系统（五大系统）组成。柴油机通常由两大机构和四大系统组成，柴油机没有点火系统。

1．曲柄连杆机构

1）功用

曲柄连杆机构作用是将燃料燃烧产生的热能转换为活塞往复运动的机械能，再通过连杆将活塞的往复运动转变为曲轴的旋转运动而对外输出动力。曲柄连杆机构是发动机实现工作循环、完成能量转换的主要运动零部件。

2）组成

（1）机体组：气缸盖、气缸垫、气缸体和油底壳等，如图 1-1-19 所示。

（2）活塞连杆组：活塞、活塞环、活塞销和连杆等，如图 1-1-20 所示。

（3）曲轴飞轮组：曲轴、飞轮、正时传动带轮或正时齿轮等，如图 1-1-20 所示。

动画
发动机总体构造动画演示

视频
曲柄连杆机构

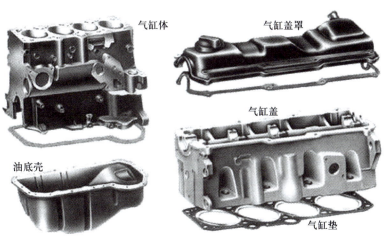

图 1-1-19　机体组

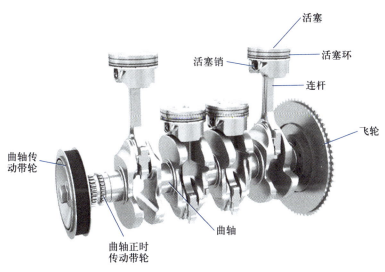

图 1-1-20　活塞连杆组与曲轴飞轮组

2. 配气机构

1）功用

配气机构作用是根据发动机的工作顺序和工作过程，定时开启和关闭进气门和排气门，使可燃混合气进入气缸，并使废气从气缸内排出，实现换气过程。

2）组成

（1）气门组：气门（进气门、排气门）、气门弹簧、气门座、气门导管、气门油封等，如图 1-1-21 所示。

（2）气门传动组：凸轮轴、正时传动带轮（或正时齿轮、正时链轮）、正时传动带（或正时链条）、气门挺柱等，如图 1-1-21 所示。

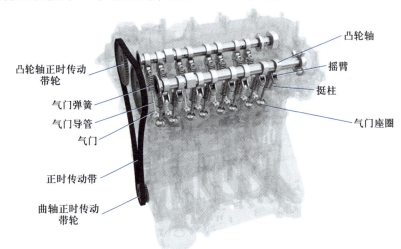

图 1-1-21　配气机构

3. 燃油供给系统

1）汽油发动机燃油供给系统

功用：根据发动机的要求，配置出一定数量和浓度的可燃混合气，均匀地分配到各气缸中，并汇集各个气缸燃烧后的废气，从排气消声器排出。

组成：燃油泵、燃油箱、燃油滤清器、回油管、喷油器等，如图 1-1-22 所示。

2）柴油发动机燃油供给系统

功用：完成柴油和空气供给以及可燃混合气的形成、燃烧和废气的排出。

组成：燃油箱、燃油滤清器（粗滤器、精滤器）、高压油泵、喷油器、相关传感器等，如图 1-1-23 所示。

4. 冷却系统

功用：将受热零部件吸收的部分热量及时散发出去，保证发动机在适宜的温度下工作。

组成：散热器、冷却风扇、水泵、节温器、气缸盖水套等，如图 1-1-24 所示。

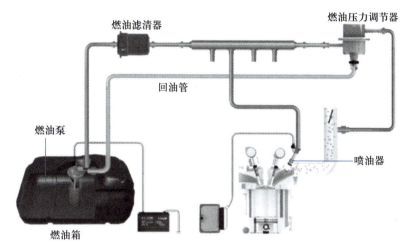

图 1-1-22　汽油发动机燃油供给系统

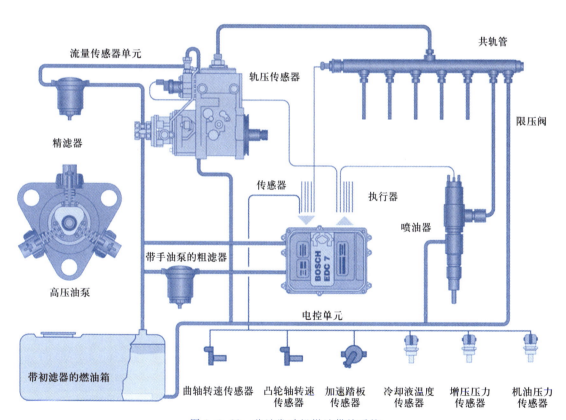

图 1-1-23　柴油发动机燃油供给系统

视频
润滑系统

5.润滑系统

功用：向做相对运动的零部件表面输送定量的清洁润滑油，以产生液体摩擦，减轻零部件的磨损，并清洗、冷却摩擦表面，延长发动机的使用寿命。

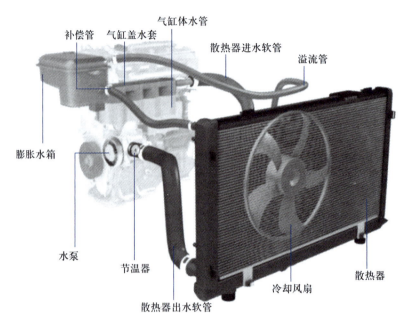

补偿管　气缸盖水套　气缸体水管　散热器进水软管　溢流管
膨胀水箱
水泵　节温器　冷却风扇　散热器
散热器出水软管

图 1-1-24　冷却系统

组成：机油泵、机油滤清器、油道等，如图 1-1-25 所示。

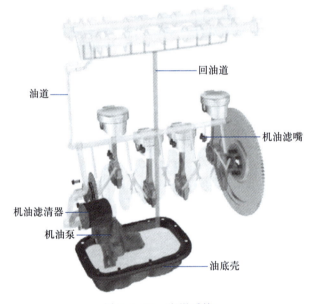

回油道
油道
机油滤嘴
机油滤清器
机油泵
油底壳

图 1-1-25　润滑系统

视频
起动系统

6. 起动系统

功用：为曲轴提供外力，使发动机能运转至怠速。要使发动机由静止状态转变为工作状态，必须要有外力转动发动机的曲轴，使活塞做往复运动，同时使气缸内的可燃混合气燃烧做功，推动活塞向下运动使曲轴持续旋转，发动机才能自行运转，工作循环才会连续。

组成：起动开关、起动机、蓄电池等，如图 1-1-26 所示。

7. 点火系统

视频
点火系统

功用：按规定时刻向气缸内提供电火花以点燃气缸中的可燃混合气。在汽油发动机中，气缸内的可燃混合气是靠电火花点燃的。

组成：电源（蓄电池和发电机）、点火线圈、控制单元、火花塞和相关传感器等，如图 1-1-27 所示。

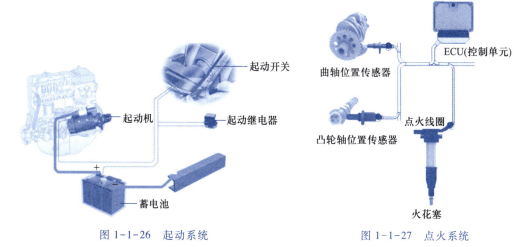

图 1-1-26　起动系统　　　　　　图 1-1-27　点火系统

🔔 **知识提示**：点火系统是汽油发动机独有的装置，按控制方式不同又分为传统点火系统和电子控制点火系统两种。柴油发动机由于其混合气是通过压缩自行着火燃烧，故没有点火系统。

微课
发动机常用
术语

三、发动机的工作原理

1. 发动机常用术语

上止点：活塞顶离曲轴回转中心最远处，通常指活塞的最高位置，如图 1-1-28 所示。

下止点：活塞顶离曲轴回转中心最近处，通常指活塞的最低位置，如图 1-1-29 所示。

动画
发动机常见
术语动画演
示

活塞行程：活塞行程（S）是指上、下止点之间的距离，单位是 mm，如图 1-1-30 所示。

曲柄半径：曲轴半径（R）是指与连杆大头相连接的曲柄销的中心线到曲轴回转中心线的距离，如图 1-1-31 所示。活塞行程为曲柄半径的两倍，即 $S = 2R$。

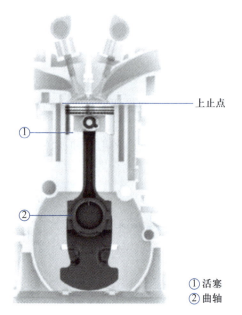

图 1-1-28　上止点

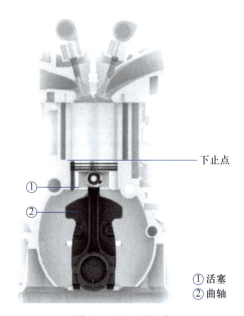

图 1-1-29　下止点

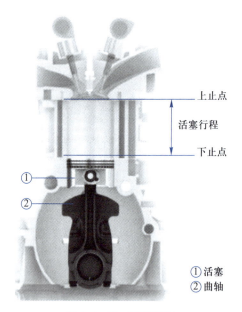

图 1-1-30　活塞行程

气缸工作容积（V_h）：活塞从上止点运动到下止点扫过的容积，也称气缸排量，如图 1-1-32 所示。计算公式如下：

$$V_\text{h} = \frac{\pi D^2 \times S}{4} \times 10^{-6}$$

其中：V_h 是气缸工作容积，单位是 L；D 是气缸直径，单位是 mm；S 是活塞行程，单位 mm。

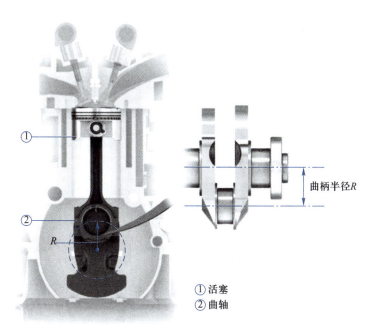

①活塞
②曲轴

图 1-1-31 曲柄半径

发动机排量（V_L）：是指发动机所有气缸工作容积的总和，发动机的气缸数用 i 表示，则 $V_L = V_h \times i$，四缸发动机排量如图 1-1-33 所示。

视频
汽车排量的认知

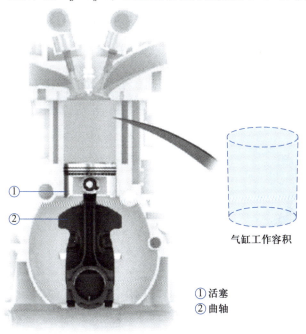

①活塞
②曲轴

气缸工作容积

图 1-1-32 气缸工作容积

$V_{h1} + V_{h2} + V_{h3} + V_{h4} = V_L$

图 1-1-33 四缸发动机排量

燃烧室容积（V_C）：活塞在上止点时，活塞顶上部空间的容积，如图 1-1-34 所示。

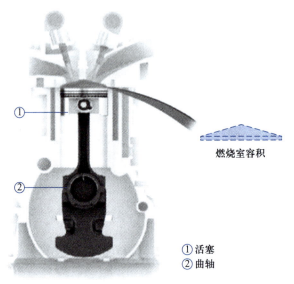

①活塞
②曲轴

图 1-1-34　燃烧室容积

🔔 **知识提示**：缸盖的燃烧室容积对压缩比的影响最为关键，若燃烧室容积偏小，将造成压缩比偏大，容易引起发动机爆燃；若燃烧室容积偏大，将造成压缩比偏小，易导致燃料燃烧不充分造成积碳。

气缸总容积（V_a）：活塞在下止点时，活塞顶上部空间的容积，它等于气缸工作容积和燃烧室容积之和，即 $V_a = V_h + V_C$，如图 1-1-35 所示。

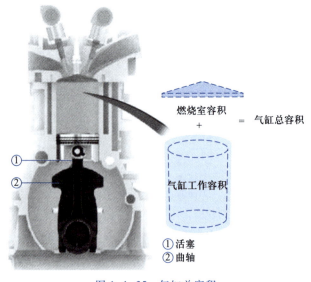

燃烧室容积 ＋ 气缸工作容积 ＝ 气缸总容积

①活塞
②曲轴

图 1-1-35　气缸总容积

压缩比（ε）：气缸总容积与燃烧室容积的比值，如图 1-1-36 所示。其计算公式为

$$\varepsilon = V_a / V_C = 1 + V_h / V_C$$

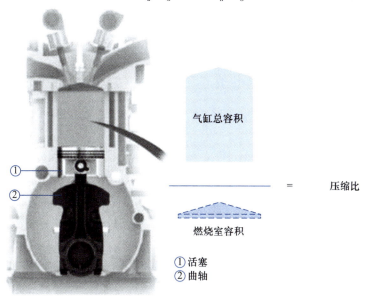

燃烧室容积

① 活塞
② 曲轴

图 1-1-36　压缩比

🔔 **知识提示**：压缩比越大，压缩终了时气缸内的气体压力和温度就越高。通常汽油发动机的压缩比为 6~11，柴油发动机的压缩比较高，一般为 16~22。

负荷率：发动机在某一转速下的有效功率与相同转速下所能发出的最大有效功率的比值称为负荷率，简称负荷。

2. 四冲程汽油发动机的工作原理

进气行程：活塞由曲轴带动从上止点向下止点运动，此时排气门关闭，进气门开启。活塞移动过程中，气缸内容积逐渐增大，形成一定真空度，气体被吸入气缸。当活塞到达下止点时，进气门关闭，停止进气，如图 1-1-37 所示。

由于进气系统存在进气阻力，进气终了时气缸内气体的压力低于大气压力，为 0.075~0.09 MPa。由于气缸壁、活塞等高温件及上一工作循环留下的高温残余废气的加热作用，气缸内气体温度将升高到 370~400 K。

压缩行程：进气行程结束时，活塞在曲轴的带动下，从下止点向上止点运动，气缸内容积逐渐减小，由于进、排气门均关闭，可燃混合气被压缩，至活塞到达上止点时压缩行程结束，如图 1-1-38 所示。

压缩行程中，气体压力和温度同时升高，并使混合气进一步混合均匀，压缩终了时，气缸内的压力为 0.6~1.2 MPa，温度为 600~700 K。

做功行程：在压缩行程终了，火花塞产生电火花点燃气缸内的混合气，混合气将迅速燃烧，使气体温度、压力迅速升高而膨胀，从而推动活塞从上止点向下止点

微课
四冲程汽油机的工作原理

动画
四冲程汽油机的工作原理

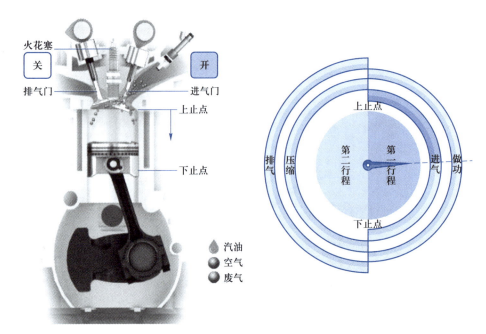

图 1-1-37　进气行程

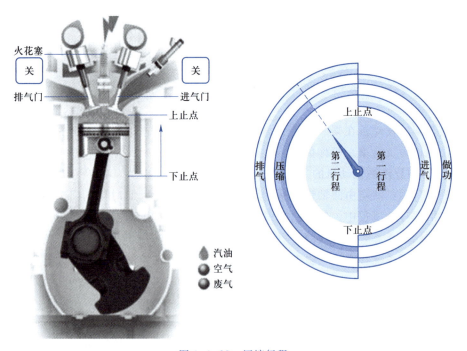

图 1-1-38　压缩行程

运动,并通过连杆使曲轴旋转对外做功,当活塞到达下止点时,做功结束,如图 1-1-39所示。

在做功行程中,初始阶段气缸内气体的压力、温度急剧上升,瞬时压力可达 3~5 MPa,瞬时温度可达 2 200~2 800 K。

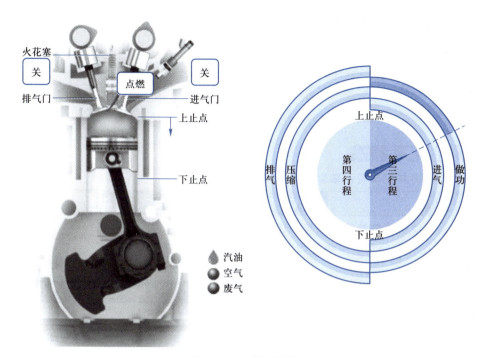

图 1-1-39　做功行程

排气行程：在做功行程终了，排气门打开，进气门关闭，曲轴通过连杆推动活塞从下止点向上止点运动，废气在自身残余压力和活塞推动下被排出气缸，当活塞到达上止点时，排气门关闭，排气结束，如图 1-1-40 所示。

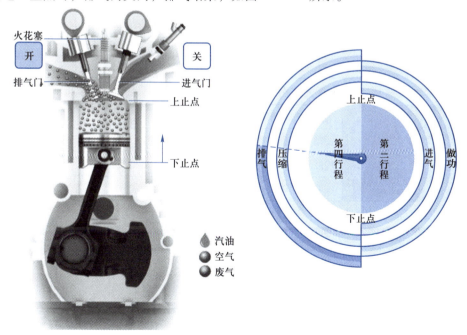

图 1-1-40　排气行程

排气行程终了，由于燃烧室容积的存在，气缸内还存在少量废气，气体压力也因排气系统存在排气阻力而略高于大气压力。此时，压力为 0.105~0.115 MPa，温度为 900~1 200 K。曲轴继续旋转，使活塞从上止点向下止点运动，又开始了下一个新的工作循环。如此周而复始，重复进行进气、压缩、做功、排气工作循环，使发动机循环往复的运转。

【任务实施】

一、查询并记录实训车辆相关信息

车型		发动机型号		发动机排量	

二、发动机总体结构认知与工作原理分析

1. 在已分解的发动机中查找下表所列零件，找到的在"认识"一栏打"√"，未找到的打"×"。

序号	名称	认识	序号	名称	认识
1	气缸体		11	凸轮轴	
2	气缸垫		12	液压挺柱	
3	气缸盖		13	油底壳	
4	活塞		14	进气歧管	
5	连杆		15	排气歧管	
6	曲轴		16	节气门	
7	飞轮		17	机油滤清器	
8	曲轴传动带轮		18	机油泵	
9	曲轴正时传动带轮		19	火花塞	
10	气门		20	水泵	

2. 发动机常用术语计算公式分析。

常用术语计算公式	气缸工作容积计算公式	
	发动机排量计算公式	
	气缸总容积计算公式	
	压缩比计算公式	

3. 四冲程汽油发动机的工作行程分析。

工作行程	活塞运行方向	进气门状态	排气门状态
进气行程			
压缩行程			
做功行程			
排气行程			

【任务评价】

序号	评分项目	评分标准	配分	得分
一	安全作业	1. 能进行设备和工具安全检查（6分） □1.1 检查作业所需的工具设备是否完备（2分） □1.2 检查作业环境是否配备灭火器（2分） □1.3 检查发动机台架锁止情况（2分） 2. 能遵守实训室规范作业管理要求（6分） □2.1 规范使用、管理相关工具量具（2分） □2.2 所用零部件摆放整齐（2分） □2.3 规范着装，并做好个人防护工作（2分） 3. 能进行三不落地操作（3分） □3.1 作业过程中做到油液不落地（1分） □3.2 作业过程中做到工具不落地（1分） □3.3 作业过程中做到零部件不落地（1分）	15分	
二	资料查询	□能正确使用维修手册查询发动机型号、排量等信息，每缺1项扣2分，3项信息全缺计0分（5分）	5分	
三	知识解析	□1. 能对发动机常用术语进行解释、分析，每项2分（8分） □2. 能结合发动机工作行程，分析活塞运行状态，每项1分（4分） □3. 能结合发动机工作行程，分析进气门运行状态，每项1分（4分） □4. 能结合发动机工作行程，分析排气门运行状态，每项1分（4分）	20分	
四	实践认知	□1. 能够识别曲柄连杆机构相关零部件（10分） □2. 能够识别配气机构相关零部件（10分） □3. 能够识别燃油供给系统相关零部件（6分） □4. 能够识别冷却系统相关零部件（6分） □5. 能够识别润滑系统相关零部件（6分） □6. 能够识别点火系统相关零部件（6分） □7. 能够识别起动系统相关零部件（6分）	50分	
五	工单填写	□1. 工单填写字迹工整（4分） □2. 工单填写语句通顺（6分）	10分	
合计			100分	

任务二 ▶▶▶

常用维修工具

【任务引入】

汽车发动机拆装常用的手工工具有扳手、钳子、螺钉旋具、手锤等。通过相关手工工具的认知及使用，可以为后期进行发动机检修实践操作奠定技能基础。

【任务目标】

素质目标

1. 树立牢固的安全意识、规范意识、质量意识、责任意识；

2. 磨砺吃苦耐劳的意志品质，锤炼严谨细致的工作作风，弘扬爱岗敬业的职业精神。

知识目标

1. 熟悉发动机检修过程中常用拆装工具的名称和规格；

2. 掌握发动机检修常用工具的规范使用方法和安全注意事项。

能力目标

1. 能够准确识别和选用各种类别、型号的拆装工具；

2. 能够规范使用各类拆装工具，并掌握相关的安全操作要领。

知识拓展：维修工具安全使用

正确地选用工具对汽车维修来说极其重要。但很多维修技术人员不太重视工具的使用方法，使用扳手、钳子等通用工具不规范，导致不能顺利完成维修工作。

（1）如果不正确使用电器、液压和气动设备，可能导致严重的伤害。

（2）使用会产生碎片的工具前，应佩戴好护目镜；使用砂轮机和钻孔机一类的工具后，要清除其上的粉尘和碎片。

（3）操作旋转的工具或者在有旋转设备的场合工作时，不要佩戴手套，以免手套被旋转的物体卷入，造成伤害。

（4）用升降机升起车辆时，初次升起应提升到轮胎稍微离开地面，确认车辆牢固地支撑在升降机上后，再完全升起；升起后，千万不要试图摇晃车辆，以免导致车辆跌落，造成严重损坏。

【任务学习】

微课
常用维修工具认知与使用

▶　**理论引导**

一、汽车发动机常用维修工具

汽车发动机维修工作过程中，常用的拆装工具有：扳手、钳子、螺丝刀、手锤等。

1. 扳手

扳手种类繁多，常见的有开口扳手、梅花扳手、套筒扳手、扭力扳手、活动扳手、内六角扳手等。

（1）开口扳手，如图 1-2-1 所示。

功用：用于紧固或拆卸一般规格的螺栓或螺母，可以直接插入或套入，使用较为方便；但是不宜在较小的空间使用，并且不可用于拧紧力矩较大的螺栓或螺母，使用时易滑脱。

使用方法：

① 根据螺栓或螺母的尺寸，选用合适规格的开口扳手；

② 将扳手的开口垂直或水平插入螺栓头部或螺母外圈；

③ 将扳手较厚的一边置于受力大的一侧，扳动扳手。

注意事项：

① 不能用于拧紧力矩较大的螺栓或螺母；

② 使用时应将扳手手柄往身边拉，切不可向外推，以免将手碰伤；

③ 扳转时，不准在开口扳手上任意加套管或锤击手柄，以免损坏扳手或损伤螺栓或螺母的棱角；

④ 禁止使用开口处磨损过度的开口扳于，以免损坏螺栓或螺母的棱角；

⑤ 不能将开口扳手当撬棒使用。

（2）梅花扳手，如图 1-2-2 所示。

图 1-2-1　开口扳手　　　　图 1-2-2　梅花扳手

功用：两端类似套筒，有 12 角和 6 角两类，其卡口包住整个螺栓或螺母，工作可靠，不易滑脱；此外，它的手柄较长，可以获得较大的扭矩；其使用较广泛。

使用方法：

① 根据螺栓或螺母的尺寸，选用合适规格的梅花扳手；

② 将扳手垂直套入螺栓头部或螺母外圈；

③ 扳转时，应握紧扳手手柄往身边拉。

注意事项：

① 扳转时，不准在梅花扳手上任意套加力套管或锤击手柄；

② 禁止使用内孔磨损过度的梅花扳手；

③ 不能将梅花扳手当撬棒使用。

（3）套筒扳手，如图1-2-3所示。

功用：具有操作方便、灵活、安全等特点，俗称快扳。使用套筒扳手，不易损坏螺母的棱角，且套筒扳手特别适合于拆装部位狭小或隐藏较深的螺栓。

使用方法：

① 使用时，根据螺栓、螺母的尺寸选好套筒；

② 将套筒套在棘轮手柄的方形端头上（视需要可与接杆或短杆配合使用）；

③ 将套筒套在螺栓或螺母上，转动棘轮手柄进行拆装。

注意事项：

① 不准拆装过紧的螺栓或螺母；

② 用套筒扳手拆装时，握棘轮手柄的手切勿摇晃，以免套筒滑出或损坏螺栓、螺母的六角；

③ 禁止用锤子将套筒击入变形的螺栓、螺母的六角进行拆装，以免损坏套筒；

④ 禁止使用内孔磨损过度的套筒；

⑤ 工具用毕，应清洗油污，妥善放置。

拆装时注意方向

图1-2-3　套筒扳手

（4）扭力扳手，分数字式、指针式、预置式，如图1-2-4所示。

功用：在发动机拆装过程中使用较广泛，常配合套筒使用，按照规定力矩拧紧螺栓。

使用方法：

① 将套筒插入扭力扳手的方芯上；

② 用左手把住套筒，右手握紧扭力扳手手柄往身边扳转；

③ 预置式扭力扳手使用前，先将力矩调校至规定值。

注意事项：

① 禁止往外推扭力扳手手柄，以免滑脱而碰伤身体；

② 要求拧紧力矩较大、工件较大、螺栓数较多时，应分次按一定顺序拧紧；

③ 拧紧螺栓或螺母时，不能用力过猛，以免损坏螺纹；

④ 禁止使用无刻度盘或刻度线不清的扭力扳手；

⑤ 拆装时禁止在扭力扳手的手柄上再加套管或锤击手柄。

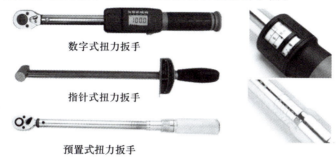

数字式扭力扳手

指针式扭力扳手

预置式扭力扳手

图 1-2-4 扭力扳手

（5）活动扳手，如图 1-2-5 所示。

功用：根据螺栓或螺母的尺寸，转动调整螺杆来移动可调爪，使其开口宽度符合螺栓或螺母尺寸要求。

使用方法：

① 根据螺栓或螺母的尺寸先调好活扳手的开口大小，使之与螺栓或螺母的大小一致、不松旷；

② 将扳手固定部分置于受力大的一侧垂直或水平插入螺栓头部或螺母外圈。

注意事项：

① 使用时，应使固定部分朝向承受拉力的方向，以免损坏螺栓或螺母的棱角和活动扳手；

② 使用时，不准在活动扳手的手柄上随意加套管或锤击手柄，以免损坏扳手或螺栓/螺母；

③ 禁止将活动扳手当锤子使用。

（6）内六角扳手，如图 1-2-6 所示。

功用：用于拆装内六角螺栓，常配合套筒扳手使用。

图 1-2-5 活动扳手   图 1-2-6 内六角扳手

使用方法：在使用前，要将其表面油污擦拭干净，防止打滑，然后拆装内六角螺栓。

注意事项：要选择合适的内六角尺寸，不能用较小的内六角来拆装较大的螺栓，以免滑脱。

2. 钳子

钳子根据用途分类，可分为夹持类、剪切类、拆装类。

（1）夹持类：尖嘴钳、鲤鱼钳、大力钳、管钳等，如图1-2-7所示。

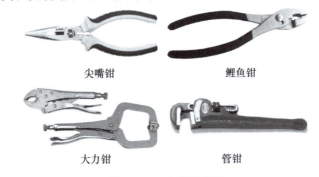

尖嘴钳   鲤鱼钳

大力钳   管钳

图 1-2-7   夹持类钳子

（2）剪切类：斜口钳、老虎钳、剥线钳等，如图1-2-8所示。

斜口钳   老虎钳   剥线钳

图 1-2-8   剪切类钳子

（3）拆装类：卡簧钳等，如图1-2-9所示。

图 1-2-9   拆装类钳子（卡簧钳）

注意事项：

① 夹持类钳子在操作易损或精密零件时，需要做好防护措施；

② 剪切类钳子不能切割较硬、较粗的金属部件；

③ 严禁对尖嘴钳头部施加过大的压力；

④ 严禁将钳子替代扳手使用。

3．螺钉旋具

常规用途螺钉旋具根据刀头部的形状分为一字形、十字形、星形等，如图 1-2-10 所示。

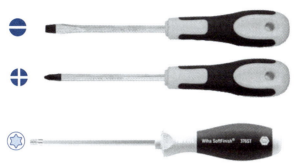

图 1-2-10　螺钉旋具

使用方法：

① 应根据螺钉类型、大小选用合适的螺钉旋具；

② 使用时，手心应顶住手柄端，并用手指旋转螺丝刀手柄，如使用较长的螺钉旋具，左手应把住螺钉旋具的前端。

注意事项：

① 使用螺钉旋具时不可偏斜，扭转的同时施加一定压力，以免螺钉旋具滑脱；

② 螺钉旋具或工件上有油污时应擦拭干净；

③ 禁止将螺钉旋具当撬棒或錾子使用。

4．手锤

手锤根据锤头的材质可以分为铁锤、木槌、橡胶锤，如图 1-2-11 所示。

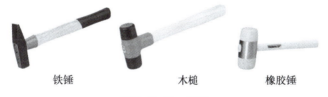

铁锤　　　　　木槌　　　　橡胶锤

图 1-2-11　手锤

使用方法：

① 使用时，右手握紧后端 10 cm 处，眼睛注视工件；

② 击锤方法有腕挥、肘挥和臂挥三种，根据用力程度选择。

注意事项：

① 手柄应安装牢固，防止锤头飞出伤人；

② 锤子落在工件上时不得歪斜，以防损坏工件；

③ 禁止锤子直接锤击重要表面和易损部位，以防损坏工件表面。

微课
专用工具认
知与使用

二、汽车发动机专用维修工具

1．火花塞套筒

功用：用于拆装汽油发动机的火花塞，常用的火花塞套筒有 16 mm 和 21 mm 两种规格，如图 1-2-12 所示。

图 1-2-12　火花塞套筒

使用方法：

（1）应根据火花塞的安装位置和六角螺母尺寸，选用合适的火花塞套筒；

（2）对正火花塞孔，与火花塞六角螺母可靠套接，再转动套筒，使火花塞旋入或旋出。

注意事项：

（1）拆装火花塞时，火花塞套筒不得歪斜，以免套筒滑脱。

（2）扳转火花塞套筒时，不准随意加长手柄，以免损坏套筒。

（3）在安装火花塞时，拧紧力矩不要太大，以免损坏火花塞头部。

2．拉拔器

功用：可用于拆卸发动机上的传动带轮或正时齿轮，有三根拉臂和两根拉臂两种结构形式，三根拉臂的拉拔器如图 1-2-13 所示。

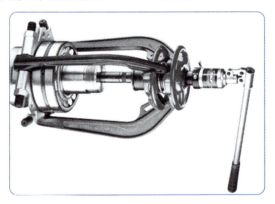

图 1-2-13　拉拔器

使用方法：

（1）应根据轴端与被拉工件的距离快速转动拉拔器的丝杠，直到丝杠端部顶住轴端、拉爪钩住零部件的边缘。

（2）慢慢转动丝杠将零部件拉出。

注意事项：

（1）拉工件时，不能在手柄上随意加装套管，更不能用锤子敲击手柄，以免损坏拉拔器。

（2）拉拔器工作时，其中心线应与被拉件轴线保持同轴，以免损坏拉拔器，若被拉件过紧，可边转动丝杠，边用木槌轴向轻轻敲击丝杠尾端，将其拉出。

3. 活塞环拆装钳

功用：专门用于拆装活塞环，结构如图1-2-14所示。

使用方法：将活塞环拆装钳卡入活塞环的端口，并使其与活塞环贴紧；然后，握住把手慢慢捏紧，使活塞环张开，将活塞环从活塞环槽内取出或装入。

注意事项：活塞环拆装钳使用时，应垂直移动活塞环，不得翻转，以免滑脱或损坏活塞环，且用力要适度，以免折断活塞环。

图1-2-14　活塞环拆装钳

4. 滤清器扳手

功用：主要用于拆装滤清器，如图1-2-15所示。

图1-2-15　滤清器扳手

使用方法：应根据滤清器的直径合理调整扳手尺寸；然后，将扳手套入滤清器，转动滤清器，将其旋紧或旋松。

注意事项：

（1）使用前，尽量将扳手套在滤清器根部底座位置，以免损坏滤清器。

（2）安装前，应在滤清器螺纹口涂抹润滑油。

（3）安装时，不可用力过大，以免损坏滤清器。

5. 气门弹簧拆装钳

功用：专门用于拆装顶置式气门弹簧，实物如图1-2-16所示。

使用方法：首先，调整气门弹簧拆装钳两端的支座，使其分别靠近气门头部与气门杆尾端的弹簧座，并保证有效贴合；然后，通过调节杆缓慢压缩气门弹簧，直至气门杆尾端环槽露出，取出或安放气门锁片，完成气门弹簧拆装。

图1-2-16　气门弹簧拆装钳

注意事项：气门弹簧拆装钳应与气门弹簧座接触可靠，以防滑脱；在完成气门弹簧拆装后，应缓慢松开气门弹簧拆装钳，防止气门弹簧飞出。

【任务实施】

1. 叙述发动机拆装常用扳手类型有哪些？并说明其具体使用方法。

2. 叙述螺钉旋具使用方法与注意事项。

3. 简述发动机拆装过程常用专用工具有哪些？并说明其具体应用情况。

4. 小组成员相互考核对工具的认识的情况，并将考核结果用"√"或"×"记录在下表中。

序号	名称	考核	序号	名称	考核
1	（　）mm 套筒		9	旋转手柄	
2	（　）mm 开口扳手		10	尖嘴钳	
3	（　）mm 梅花扳手		11	火花塞套筒	
4	扭力扳手		12	活塞环拆装钳	
5	鲤鱼钳		13	气门弹簧拆装钳	
6	活塞环拆装钳		14	拉拔器	
7	活动扳手		15	滤清器扳手	
8	内六角扳手		16	卡簧钳	

【任务评价】

序号	评分项目	评分标准	配分	得分
一	安全作业	1. 能进行设备和工具安全检查（6分） □1.1 检查作业所需的工具设备是否完备（2分） □1.2 检查作业环境是否配备灭火器（2分） □1.3 检查发动机台架锁止情况（2分） 2. 能遵守实训室规范作业管理要求（6分） □2.1 规范使用、管理相关工具量具（2分） □2.2 所用零部件摆放整齐（2分） □2.3 规范着装，并做好个人防护工作（2分） 3. 能进行三不落地操作（3分） □3.1 作业过程中做到油液不落地（1分） □3.2 作业过程中做到工具不落地（1分） □3.3 作业过程中做到零部件不落地（1分）	15分	
二	知识解析	□1. 能够正确叙述扳手类型与使用原则（10分） □2. 能够正确叙述螺丝刀使用方法与注意事项（10分） □3. 能够正确叙述发动机拆装常用专用工具应用范围（10分）	30分	
三	实践认知	□1. 套筒扳手认知与使用（5分） □2. 开口扳手、梅花扳手认知与使用（5分） □3. 内六角扳手认知与使用（5分） □4. 扭力扳手认知与使用（5分） □5. 钳子认知与使用（5分） □6. 螺钉旋具认知与使用（5分） □7. 活塞环拆装钳认知与使用（5分） □8. 气门弹簧拆装钳认知与使用（5分） □9. 拉拔器认知与使用（5分） □10. 滤清器扳手认知与使用（5分）	50分	
四	工单填写	□1. 工单填写字迹工整（2分） □2. 工单填写语句通顺（3分）	5分	
合计			100分	

任务三 ▶▶▶

....

常用测量工具

汽车发动机检修常用的测量工具有游标卡尺、外径千分尺、百分表、塞尺等。通过相关测量工具的认知及使用，可以为后期进行发动机检修实践操作奠定技能基础。

【任务目标】

素质目标

1. 树立牢固的安全意识、规范意识、质量意识、责任意识；

2. 磨砺吃苦耐劳的意志品质，锤炼严谨细致的工作作风，弘扬爱岗敬业的职业精神。

知识目标

1. 熟悉发动机检修过程中常用测量工具的结构和应用；

2. 掌握发动机检修常用测量工具规范使用的方法和安全事项。

能力目标

1. 能够根据检修任务正确选用相关测量工具；

2. 能够规范使用各类测量工具，并掌握相关的操作要领。

知识拓展：用电安全

用电安全方面注意事项如下（图1-3-1）：

（1）如果发现电器设备有任何异常应立即关掉电源开关，并联系管理员等有关人员。

（2）如果电路发生短路或火灾意外，在灭火前应关掉电源开关。

（3）不要靠近断裂或摇晃的电线，不要触摸标有"发生故障"的开关，千万不要用湿手接触任何电器设备。

（4）拔下插头时，不要拉电线，而应当拉拔插头本身。

（5）不要让电线通过潮湿或有油的地方，也不要通过灼热的表面或者尖角部位。

（6）移动电器设备时，避免其电源软线拖得过长。

（7）在开关、配电盘或电动机等附近不要使用易燃物，因为它们容易产生火花。

（8）维修竣工后，切断设备电源，关闭总电源。

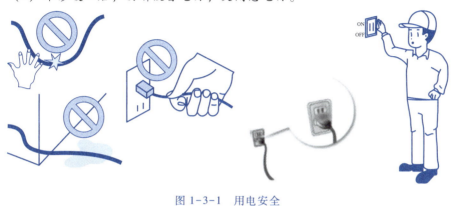

图 1-3-1 用电安全

【任务学习】

▶ 理论引导

车辆维修过程中常用的测量工具，根据测量目标的不同分为电气测量工具和机械测量工具。

一、电气测量工具

数字式万用表

功用：发动机维修中主要用于对电路中电流、电压、电阻以及导线的通断性和电子元件的性能进行检测，如图 1-3-2 所示。

图 1-3-2 数字式万用表

注意事项：

（1）使用时，应根据被测量的对象，正确选择挡位及表笔插孔，避免在高温、易冲击或者容易掉落的环境中使用。

（2）使用后，应关闭电源，放回储存盒，并储存于干燥且干净的场所。

微课
常用量具认
知与使用

二、机械测量工具

1. 游标卡尺

功用：主要用于测量零部件的外径、内径、长度、宽度、厚度、孔深和孔距等尺寸。游标卡尺由尺身、内测量爪、外测量爪、游标（副尺）、紧固螺钉、深度尺等组成，如图 1-3-3 所示。

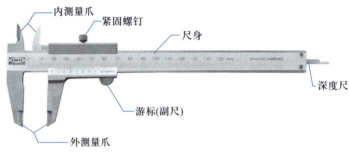

图 1-3-3　游标卡尺

使用方法：

（1）游标卡尺使用时，应右手拿住尺身，大拇指移动游标；左手拿待测物体，使待测物与测量爪有效贴合。

（2）在对游标卡尺进行读数前，应先确定游标卡尺的测量精度。

　🔔 **知识提示**：游标卡尺的测量精度由游标刻度所决定。游标为 20 个刻度线的游标卡尺测量精度为 0.05 mm；游标为 50 个刻度线的游标卡尺测量精度为 0.02 mm。

（3）读数时，首先读取尺身上的数值，然后再读取游标上的刻度，观察游标上哪个刻度线与尺身上的刻度线对齐，则该刻度线的数值乘以测量精度得出的数值，即为游标测量数值。

注意事项：

（1）使用前，应对游标卡尺进行清洁、调零。

（2）测量时，要与零部件表面平行或垂直。

（3）读数时，视线要垂直尺面。

（4）使用后，应完成清洁、抹油后装盒。

2. 外径千分尺

功用：用于加工精度要求较高的零部件外径、长度、宽度等物理量的测量，其测量精度可达到 0.01 mm；根据其测量范围，分 0~25 mm、25~50 mm、50~75 mm、75~100 mm 等类型，如图 1-3-4 所示。

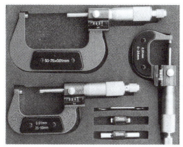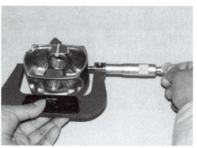

图 1-3-4　外径千分尺

使用方法：

（1）根据被测零部件尺寸，选择合适量程的外径千分尺。

（2）外径千分尺使用前，进行零位校正。

（3）转动套管，使测微螺杆位于最大测量位置。

（4）靠近被测物体，使被测物体位于测砧与测微螺杆之间。

（5）转动棘轮旋钮，发出咔嗒声响时，停止转动。

（6）锁紧外径千分尺，进行读数。

🔔 **知识提示**：外径千分尺的读数，由主尺整毫米刻度值、主尺半毫米刻度值和微分筒刻度值三部分组成，微分筒刻度值的读取方法是看套筒基准线与套管刻度的对齐位置。

注意事项：

（1）当测砧与测微螺杆将要卡住被测物体时，不要用手直接转动套管，以免损坏套管螺纹。

（2）当测砧与测微螺杆卡住被测物体后，也不要一直转动棘轮旋钮，避免套管螺纹变形。

（3）当测量轴径时，测砧与测微螺杆卡住被测轴后，前后移动外径千分尺，确保测量的是最大轴径位置。

（4）测量过程中，握尺的位置应在塑料隔热垫处，以免影响测量精度。

（5）测量完成后，应对外径千分尺进行清洁、润滑，防止生锈。

3．百分表

功用：用于测量零部件形状及位置的变化量；在汽车发动机维修中，百分表常用于测量曲轴、凸轮轴等的跳动量，如图 1-3-5 所示。此外，百分表也可用于测量气缸的磨损量及内径，如发动机气缸检修所采用的工具——量缸表，就是利用百分表制成的，如图 1-3-6 所示。

使用方法：

（1）架设磁力表座，固定百分表。

 视频
百分表的使用

图 1-3-5   百分表

图 1-3-6   量缸表

（2）将测量杆与被测物体的表面接触，并预压 1~2 mm。

（3）调整表盘，使指针指示到零刻线。

（4）转动或撬动被测物体，记录百分表指针的跳动量。

注意事项：

（1）使用时，应避免摔落或受强烈撞击，轴心上不可涂抹机油或油脂。

（2）使用后，将百分表放回储存盒，储存于干燥且无振动的场所。

4．塞尺

功用：主要用于测量接触间隙和一些接触面的平面度等，在汽车发动机维修过程中常用于测量活塞环间隙、气缸体与气缸盖平面度等。塞尺又称厚薄规或间隙片，是由许多层厚薄不一的薄钢片组成，如图 1-3-7（a）所示。使用塞尺进行发动机气缸体与气缸盖平面度检测时，常需要与刀口形直尺配合使用，如图 1-3-7（b）所示。

(a) 塞尺的结构   (b) 塞尺的使用

图 1-3-7   塞尺

使用方法：

根据接触面间隙的大小，选取一片或数片塞尺重叠在一起插入间隙，以稍感阻滞为宜。

注意事项：

（1）根据接触面的间隙情况选择塞尺片数，但片数越少越好。

（2）测量时不能用力太大，以免塞尺弯曲或折断。

（3）不能测量温度较高的零部件。

【任务实施】

一、常用测量工具的结构认知

1. 认识游标卡尺结构，在下方填写对应名称。

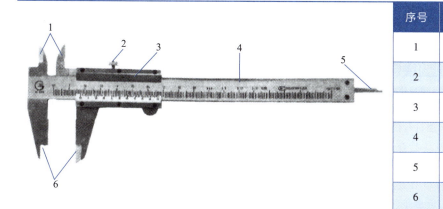

序号	名称
1	
2	
3	
4	
5	
6	

2. 认识外径千分尺结构，在下方填写对应名称。

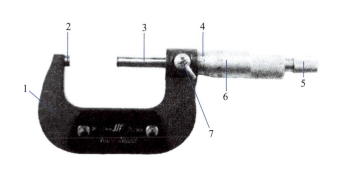

序号	名称
1	
2	
3	
4	
5	
6	
7	

二、常用测量工具的使用操作

1. 描述游标卡尺的使用注意事项。

2. 描述外径千分尺的使用注意事项。

3. 认识发动机的常用测量工具，练习常用测量工具的使用，并将完成情况记录在下表中。

作业内容	记录测量数值	完成情况
用游标卡尺测量指定活塞直径		□ 完成　□ 未完成
用外径千分尺测量指定曲轴主轴颈		□ 完成　□ 未完成
塞尺配合刀口形直尺测量指定平面平面度		□ 完成　□ 未完成
用数字式万用表测量指定元件电阻、电压		□ 完成　□ 未完成

【任务评价】

序号	评分项目	评分标准	配分	得分
一	安全作业	1. 能进行设备和工具安全检查（6分） □1.1 检查作业所需的工具设备是否完备（2分） □1.2 检查作业环境是否配备灭火器（2分） □1.3 检查发动机台架锁止情况（2分） 2. 能遵守实训室规范作业管理要求（6分） □2.1 规范使用、管理相关工具量具（2分） □2.2 所用零部件摆放整齐（2分） □2.3 规范着装，并做好个人防护工作（2分） 3. 能进行三不落地操作（3分） □3.1 作业过程中做到油液不落地（1分） □3.2 作业过程中做到工具不落地（1分） □3.3 作业过程中做到零部件不落地（1分）	15分	
二	知识解析	□1. 能够正确认识游标卡尺结构（12分） □2. 能够正确认识外径千分尺结构（7分） □3. 能够正确描述游标卡尺使用注意事项（5分） □4. 能够正确描述外径千分尺使用注意事项（6分）	30分	
三	实践认知	□1. 能够规范使用游标卡尺（5分） □2. 能够规范使用外径千分尺（5分） □3. 能够规范使用塞尺（5分） □4. 能够规范使用数字式万用表（5分） □5. 能够规范使用百分表（5分） □6. 能够正确测量指定活塞直径（5分） □7. 能够正确测量指定曲轴主轴颈（5分） □8. 能够正确测量指定平面平面度（5分） □9. 能够正确测量指定元件电阻、电压（5分）	45分	
四	工单填写	□1. 工单填写字迹工整（4分） □2. 工单填写语句通顺（6分）	10分	
合计			100分	

项目二 ▶▶▶

....

曲柄连杆机构构造与检修

项目描述

　　曲柄连杆机构是发动机的重要组成部件，是往复活塞式发动机将热能转换为机械能的主要机构。曲柄连杆机构的作用是提供燃烧场所，把燃料燃烧后产生的气体作用于活塞顶的膨胀压力转变为曲轴旋转的转矩，不断输出动力。曲柄连杆机构的工作条件相当恶劣，它要承受高温、高压、高速和化学腐蚀作用。曲柄连杆机构的性能直接影响发动机的动力性、经济性和排放指标。

　　本项目主要介绍曲柄连杆机构的结构组成、工作原理、机件检修等知识及技能。通过本项目的学习，应掌握曲柄连杆机构的检修要点、操作流程及规范要求，为后期维修操作夯实技能基础。

任务一 ▶▶▶

曲柄连杆机构检修基础

【任务引入】

　　曲柄连杆机构是往复活塞式发动机中的动力传递系统。曲柄连杆机构是发动机实现工作循环，完成能量转换的主要运动部分。曲柄连杆机构各部件的构造和精度以及各部件的位置精度将直接影响发动机的动力性、经济性和排放指标。检修曲柄连杆机构，需要了解曲柄连杆机构由哪些机件组成？它们之间是怎样的连接关系？它们是如何工作的？

【任务目标】

　　素质目标

　　1. 树立牢固的安全意识、规范意识、质量意识、责任意识；

　　2. 磨砺吃苦耐劳的意志品质，锤炼严谨细致的工作作风，弘扬爱岗敬业的职业精神。

　　知识目标

　　1. 熟悉曲柄连杆机构的功用；

　　2. 掌握曲柄连杆机构的组成；

　　3. 理解曲柄连杆机构的工作条件。

　　能力目标

　　1. 能够描述曲柄连杆机构的功用和组成；

　　2. 指出曲柄连杆机构在发动机上所处的位置，认识其主要机件的外形结构，指出主要机件所在的位置。

知识拓展：全铝发动机与铸铁发动机

全铝发动机一般是指气缸盖和气缸体都是铝合金制造的发动机，而气缸盖是铝合金，气缸体是铸铁的发动机，仍被称作为铸铁发动机。目前很多高档车型都采用全铝发动机，目的就是实现轻量化。在同排量的发动机中，使用全铝发动机，能减轻20kg左右的质量。

此外，现在的轿车发动机，为了降低往复运动部件惯性，提高转速和响应速度，活塞也使用铝合金材料。但若气缸壁也使用铝合金，铝和铝之间的摩擦系数会比较大，发动机的性能就会大大受到影响。通常会在气缸体内嵌装铸铁气缸套，使活塞在进行运动时并不与铝制的气缸体之间接触，还可以改善其耐腐蚀性能。

【任务学习】

微课
曲柄连杆机构的作用与组成

> 理论引导

一、曲柄连杆机构的功用

曲柄连杆机构是往复活塞式发动机的两大机构之一，是组成发动机的重要机构，它的主要功用是：

（1）将燃料燃烧释放的热能转换为活塞往复运动的机械能。

（2）将活塞往复运动转变为曲轴旋转运动，对外输出动力。

二、曲柄连杆机构的组成

曲柄连杆机构由机体组、活塞连杆组、曲轴飞轮组三大部分组成，如图2-1-1所示。

（1）机体组：包括气缸体、曲轴箱、油底壳、气缸套、气缸盖和气缸垫等不运动部件；

（2）活塞连杆组：包括活塞、活塞环、活塞销和连杆等运动部件；

（3）曲轴飞轮组：包括曲轴、飞轮和扭转减振器、平衡轴等运动部件。

微课
曲柄连杆机构的组成

动画
曲柄连杆机构

三、曲柄连杆机构的工作条件

曲柄连杆机构工作条件十分恶劣，常用"三高一腐"来形容曲柄连杆机构的工作环境。发动机做功时气缸内最高温度可超过 2 500 K，最高压力可达 9 MPa，最高转速可达 6 000 r/min；气缸内的可燃混合气和燃烧废气对接触部件会产生化学腐蚀。

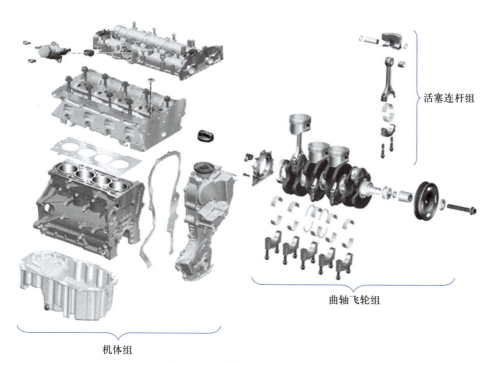

活塞连杆组

曲轴飞轮组

机体组

图 2-1-1 曲柄连杆机构的组成

四、曲柄连杆机构的受力分析

曲柄连杆机构在高温、高压条件下做变速运动，受力情况相当复杂，承受气体作用力、往复运动惯性力、旋转运动的离心力以及相对运动件接触表面的摩擦力等。

1）气体作用力

在发动机工作循环的每个行程中，气体作用力始终存在且不断变化，在做功行程最高，压缩行程次之，在进气和排气行程最小，对机件影响不大。在做功行程中，气体压力是推动活塞向下运动的力，气体燃烧产生的高压直接作用在活塞顶部。

2）往复运动惯性力

往复运动的物体在运动速度变化时，会产生惯性力。惯性力使得曲柄连杆机构的各零部件和所有轴颈承受周期性的附加载荷，加剧轴承磨损；惯性力传到气缸体上，还会引发发动机的振动。

3）离心力

物体围绕某一中心做旋转运动时，就会产生离心力。离心力使连杆大头的轴承和轴颈受到附加载荷，加剧它们的变形和磨损。

4）摩擦力

任何一对相互压紧并做相对运动的零部件表面之间都存在摩擦力，在曲柄连杆机构中，活塞、活塞环、气缸壁之间，曲轴、连杆轴承与轴颈之间都存在摩擦力，它们是造成零部件配合磨损的根源。

【任务实施】

1. 填写下方各序号对应零部件名称。

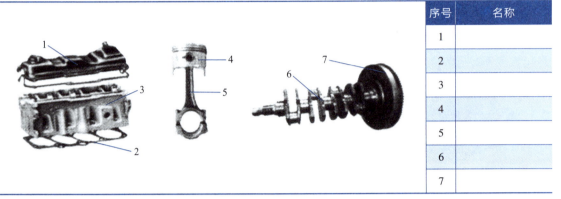

序号	名称
1	
2	
3	
4	
5	
6	
7	

2. 描述曲柄连杆机构的功用。

3. 描述曲柄连杆机构的组成。

4. 描述曲柄连杆机构的工作条件与受力情况。

【任务评价】

序号	评分项目	评分标准	配分	得分
一	安全作业	1. 能进行设备和工具安全检查（6分） □1.1 检查作业所需的工具设备是否完备（2分） □1.2 检查作业环境是否配备灭火器（2分） □1.3 检查发动机台架锁止情况（2分） 2. 能遵守实训室规范作业管理要求（6分） □2.1 规范使用、管理相关工具量具（2分）	15分	

续表

序号	评分项目	评分标准	配分	得分
一	安全作业	□2.2 所用零部件摆放整齐（2分） □2.3 规范着装，并做好个人防护工作（2分） 3. 能进行三不落地操作（3分） □3.1 作业过程中做到油液不落地（1分） □3.2 作业过程中做到工具不落地（1分） □3.3 作业过程中做到零部件不落地（1分）	15分	
二	知识解析	□1. 能够正确描述曲柄连杆机构功用（10分） □2. 能够正确描述曲柄连杆机构组成（10分） □3. 能够正确描述曲柄连杆机构工作条件与受力情况（10分）	30分	
三	实践认知	□1. 能够在发动机上找出曲柄连杆机构所处位置（5分） □2. 能够找出曲柄连杆机构的机体组，指出其安装位置（5分） □3. 能够找出曲柄连杆机构的活塞连杆组，指出其安装位置（10分） □4. 能够找出曲柄连杆机构的曲轴飞轮组，指出其安装位置（5分） □5. 能够准确识别曲柄连杆机构各零部件（20分）	45分	
四	工单填写	□1. 工单填写字迹工整（4分） □2. 工单填写语句通顺（6分）	10分	
合计			100分	

任务二 ▶▶▶

机体组构造与检修

【任务引入】

某车型汽车的发动机经过长时间的使用，动力出现明显下降，停车后常出现起动困难，甚至无法起动。经过排查发现是因气缸密封性能下降所致，可能是机体组相关故障引起，这时就需要对机体组进行检修。机体组检修，主要包括气缸体和气缸的裂纹、变形检查以及气缸磨损检测等内容。

【任务目标】

素质目标

1. 树立牢固的安全意识、规范意识、质量意识、责任意识；

2. 磨砺吃苦耐劳的意志品质，锤炼严谨细致的工作作风，弘扬爱岗敬业的职业精神。

知识目标

1. 熟悉机体组的功用与组成；

2. 熟悉气缸体、气缸盖、气缸垫及油底壳的结构与作用；

3. 掌握机体组主要零部件的检测方法与技术要求。

能力目标

1. 能够正确使用仪器设备完成发动机气缸压缩压力检测并能根据维修手册技术要求给出准确判定；

2. 能够按照汽车维修操作要求正确进行气缸体和气缸盖的检修；

3. 能够按照汽车维修操作要求规范、熟练地完成气缸盖、气缸垫的安装。

知识拓展：机体组检修操作注意事项

（1）量具应轻拿轻放，以免损坏。

（2）气缸盖、塞尺的边缘较为锋利，在维修检查过程中要防止被割伤。

（3）使用清洗剂对气缸盖、气缸体清洁时要防止清洗剂溅入眼睛或接触皮肤。

（4）保持地面整洁干净，防止搬运气缸盖等较重零部件时因地面湿滑零部件跌落或人员滑倒造成意外伤害。

（5）发动机气缸体应该牢固固定在发动机翻转架上，并将翻转架的脚轮锁止牢靠，以防维修操作过程中因发动机台架滑动身体失控而摔伤。

【任务学习】

▶　理论引导

一、机体组的功用与组成

视频
机体组组成

功用：机体组是发动机的基体和"骨架"，发动机的许多零部件和辅助系统的元件都安装在机体组上。它是发动机的固定件，也是发动机形状尺寸的主要决定因素。

组成：机体组由气缸体、气缸盖、曲轴箱、气缸垫、油底壳、气缸套等不运动件组成，如图 2-2-1 所示。

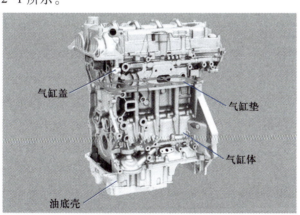

图 2-2-1　机体组的组成

微课

气缸盖与气缸垫结构分析

二、机体组的主要零部件

1. 气缸体

功用：气缸体是发动机各个机构和系统的装配基体，并由它保持发动机各运动部件相互之间的准确位置关系，气缸体上部与气缸盖构成燃烧室，下部与油底壳构成曲轴箱。

材料：气缸体多是由灰铸铁或铝合金铸造而成，在轿车发动机上铝合金气缸体越来越普遍。

图 2-2-2　气缸体

结构：水冷式发动机的气缸体和曲轴箱常铸成一体，称为气缸体—曲轴箱，简称气缸体，如图 2-2-2 所示。气缸体上半部有一个或若干个圆柱形空腔，称为气缸。为了使气缸散热，在气缸的外围制有水套。气缸体下半部为支撑曲轴的曲轴箱，其内腔是曲轴运动的空间。曲轴箱设有前后壁和中间隔板，其上制有曲轴主轴承座孔，有的发动机在气缸体上还制有凸轮轴轴承座孔。为了润滑这些轴承，在气缸体侧壁上钻有润滑系统主油道，前后壁和中间隔板上钻有分油道。气缸体有上下两个平面，上平面用来安装气缸盖，下平面用来安装油底壳。这两个平面往往也是气缸修理的加工基准，因此在拆装时应注意保护。

分类：

（1）按结构形式分类。根据气缸体与油底壳安装平面的位置不同，通常把气缸体分为一般式气缸体、龙门式气缸体、隧道式气缸体三种，如图 2-2-3 所示。一般式气缸体构造简单、加工方便，用于中小型发动机；龙门式气缸体刚度和强度较好，但加工工艺性较差，用于大中型发动机；隧道式气缸体仅用于少数机械负荷大的发动机。

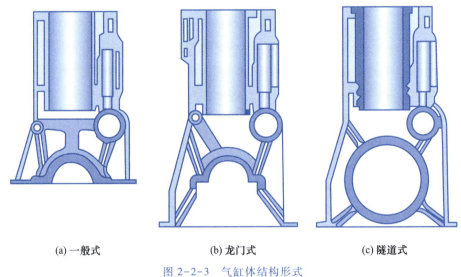

(a) 一般式　　　　　(b) 龙门式　　　　　(c) 隧道式

图 2-2-3　气缸体结构形式

（2）按气缸排列方式分类。按气缸排列方式不同，气缸体常分为直列式、V 形和对置式三种，如图 2-2-4 所示。直列式气缸体结构简单，加工容易，六缸以下的发动机一般多采用这种形式；V 形气缸体气缸排成两列，中心线夹角小于 180°，缩短了机体的长度和高度，增加了宽度，减轻了质量，形状复杂，一般 6~12 缸的发动机采用，大众品牌在 V 形气缸体的基础上又推出 W 形气缸体，气缸分四列错开布置，构造紧凑、复杂，成本高，应用较少；目前，对置式气缸体应用较少。

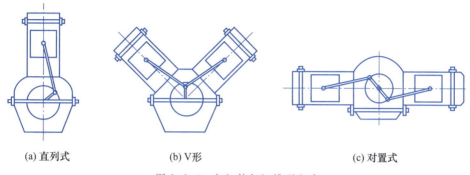

| (a) 直列式 | (b) V形 | (c) 对置式 |

图 2-2-4　气缸体气缸排列方式

（3）按气缸套种类分类。气缸套有干式和湿式两种，如图 2-2-5 所示。干式气缸套装入气缸体，与气缸壁接触，刚度和强度较好，但加工工艺复杂，散热不良；湿式气缸套外壁直接和冷却液接触，一般应采取防漏措施。

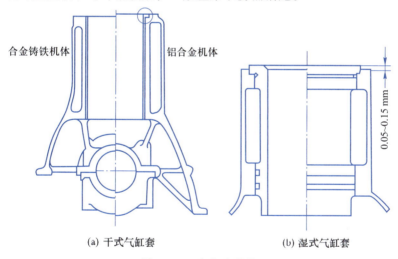

　　　　(a) 干式气缸套　　　　　　　　(b) 湿式气缸套

图 2-2-5　气缸套分类

2. 气缸盖

功用：用来封闭气缸上部，与活塞顶部、气缸壁共同构成燃烧室，同时为其他零部件提供安装位置。气缸盖铸有水套、进水孔、出水孔及用于安装气门、进排气歧管、凸轮轴、摇臂轴的座孔。汽油发动机气缸盖上还加工有火花塞孔，柴油发动机加工有安装喷油器的孔。

材料：气缸盖一般都由优质灰铸铁或合金铸铁铸造，轿车用的汽油发动机多采用铝合金气缸盖。

结构：气缸盖的结构形式有两种：整体式和分开式。

视频
气缸盖功用

视频
气缸盖结构

（1）整体式气缸盖是指多个气缸共用一个气缸盖，如图 2-2-6 所示。整体式气缸盖结构紧凑，零部件数少，可缩短气缸中心距和发动机总长度，制造成本低。当气缸数不超过 6 个，气缸直径小于 105 mm 时，均采用整体式气缸盖。

图 2-2-6　整体式气缸盖

（2）分开式气缸盖是指 1 个或 2 个、3 个气缸共用一个气缸盖。这种结构刚度高，变形小，易于实现对高温高压燃气的密封，同时易于实现发动机产品的系列化。但分开式气缸盖的零部件数增多会使气缸中心距增大，一般用在缸径较大的发动机上。

气缸盖是燃烧室的组成部分，汽油发动机常见燃烧室形状有：半球形、楔形、盆形、多球形、篷形等，如图 2-2-7 所示。

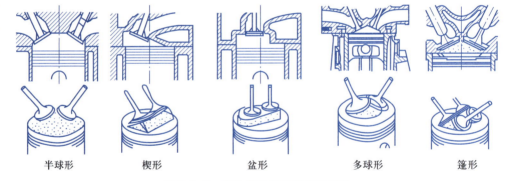

半球形　　　　　楔形　　　　　　盆形　　　　　多球形　　　　　篷形

图 2-2-7　汽油发动机机燃烧室形状

动画
气缸垫功用

3. 气缸垫

功用：气缸垫位于气缸盖与气缸体之间，其功用是填补气缸体和气缸盖之间的微孔隙，保证结合面处有良好的密封性，进而保证燃烧室的密封，防止气缸漏气和水套漏液。

分类：按所用材料的不同，气缸垫可分为金属-石棉衬垫、金属-复合材料衬垫和全金属衬垫等。由于石棉对人体有害，石棉产品被禁止使用，石棉类气缸垫也退出市场，被金属材料、无石棉材料取代。金属气缸垫如图 2-2-8 所示。

4. 油底壳

功用：储存机油、封闭机体组或曲轴箱。

结构：油底壳用薄钢板冲压或用铝铸制而成，如图 2-2-9 所示。内有挡板，以

图 2-2-8　金属气缸垫

减轻油面震荡，油底壳局部较深处还装有放油螺塞，以便放出润滑油。通常放油螺塞上装有永久磁铁，以吸附润滑油中的金属屑，减少发动机的磨损。

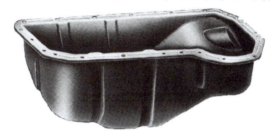

图 2-2-9　油底壳结构

▶　**实践指导**

一、准备工作

（1）设备：气缸体、气缸盖等。

（2）工具量具：量缸表、塞尺、钢直尺、扭力扳手、SATA 工具套件等。

（3）发动机维修手册。

（4）其他耗材。

二、机体组主要零部件的检修

微课
气缸体与气缸盖的检测

1）气缸体与气缸盖的裂纹检查

气缸体的裂纹常发生在曲轴主轴承隔墙、水套壁较薄处或工作过程中应力尤其是热应力比较集中的部位。如气缸之间、气门座之间及螺栓孔附近等。

检查方法：

（1）气缸体与气缸盖外部的裂纹，可以通过敲击听声音判断，也可以直接观察或涂抹滑石粉观察，而内部裂纹则需要用试验方法检查。

（2）试验检查方法有水压试验、油压试验和气压试验。水压试验是用 294 ~ 392 kPa压力的水，保压 5 min，应无任何渗漏。

2）气缸体与气缸盖的平面度检测

检测方法：将钢直尺放在气缸盖下平面或气缸体上平面，然后用塞尺测量钢直尺与平面间的间隙，塞入塞尺片的最大厚度值就是其变形量，如图 2-2-10 所示。

技术要求：一般气缸体上平面的平面度误差，在 50 mm×50 mm 范围内小于 0.05 mm，与其配合的气缸盖上平面应小于 0.2 mm。

图 2-2-10   气缸体与气缸盖的平面度检测

3）气缸磨损度的检测

气缸磨损度的检测主要是确定气缸磨损后的圆度误差和圆柱度误差。气缸的圆度误差是指在同一横截面上所测量到最大与最小直径差值的一半。气缸的圆柱度误差是在三个截面内所测得最大与最小直径差值的一半。

在进行测量时，检测部位的选择很重要。检测气缸圆度误差时，选择上缸口向下约 10 mm 横截面处，测量左右和前后直径。检测气缸圆柱度误差时，选择上缸口向下约 10 mm 处、气缸中部、下缸口向上约 10 mm 处三个截面，测量左右和前后直径。

检测方法：将测量杆放入气缸后，一手拿住隔热套，使量缸表的活动测杆同气缸轴线保持垂直；一般微微摆动表杆，量缸表指示到最小数字时，即为正确的气缸直径，如图 2-2-11 所示。按照上述测量方法与规定的测量位置完成其他测量点的直径测量，从而计算得到气缸的圆度误差与圆柱度误差。

图 2-2-11   气缸磨损度检测

技术要求：汽油发动机气缸圆度误差不得超过 0.05 mm，圆柱度误差不得超过 0.175 mm；柴油发动机气缸圆度误差不得超过 0.063 mm，圆柱度误差不得超过 0.25 mm，否则需要进行镗缸修整。

三、气缸盖与气缸垫的安装

气缸盖与气缸垫的安装步骤见表 2-2-1。

微课
气缸垫与气
缸盖的装配

表 2-2-1　气缸盖与气缸垫的安装步骤

步骤	工作内容	图　示
1	清洁气缸体与气缸盖： 使用压缩空气对气缸体、气缸盖上的水道和油道进行清理	
2	安装气缸垫： （1）安装前，对气缸垫进行检查，若存在变形或破损，须重新更换。 （2）安装时，使气缸垫印有代码的一面朝上，确保气缸垫安装方向正确。 （3）将气缸垫放在气缸体表面上，注意与气缸体上的定位销对齐，并检查油道与水道口是否露出	
3	安装气缸盖： （1）对准定位销，将气缸盖平稳放到气缸体上。 注意：在对准定位销时，轻轻滑动气缸盖，以免定位销损坏气缸盖下平面。 （2）在气缸盖螺栓的螺纹部位，涂抹一薄层发动机润滑油。 （3）将各螺栓安放在气缸盖的螺纹座孔中。 （4）选用棘轮扳手，从气缸盖中间到两边，按对角线的顺序，均匀地对 10 个气缸盖连接螺栓进行预紧。 （5）选用合适的内六角扳手与接杆组合，从气缸盖中间到两边，按对角线的顺序，快速安装各连接螺栓； （6）使用扭力扳手，设定拧紧力矩为 40 N·m，按照中间到两边交叉的顺序，将各连接螺栓拧紧至设定力矩。 （7）再次使用扭力扳手将气缸盖螺栓，按照规定拧紧顺序再旋转紧固 90°	  

【任务实施】

一、查询并记录发动机信息

发动机型号		发动机排量	

二、按照维修手册标准流程拆装和检测机体组的相关零部件

1. 气缸体与气缸盖的裂纹检查，并记录相关检查结果。

裂纹检查结果	

2. 检测气缸盖下平面平面度，记录检测结果并进行维修判定。

	第一次	第二次	第三次	第四次	第五次	第六次	最大值
测量值							
标准值							
判　定	□正常 □修整 □更换						

3. 检测气缸圆度误差与圆柱度误差，记录检测结果并进行维修判定。

测量部位	横向	纵向	圆度误差	圆柱度误差
上				
中				
下				
判　定	□正常 □修整 □更换			

4. 记录气缸盖的装配要求与注意事项。

将气缸盖螺栓拧紧顺序填入右图	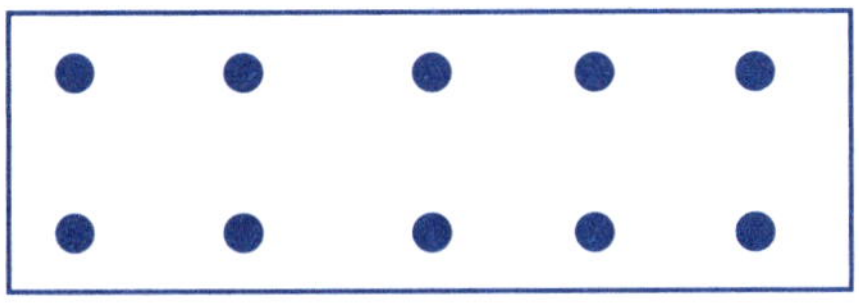 ● ● ● ● ●　　● ● ● ● ●
气缸盖螺栓拧紧力矩	

【任务评价】

序号	评分项目	评分标准	配分	得分
一	安全作业	1. 能进行设备和工具安全检查（6分） □1.1 检查作业所需的工具设备是否完备（2分） □1.2 检查作业环境是否配备灭火器（2分） □1.3 检查发动机台架锁止情况（2分） 2. 能遵守实训室规范作业管理要求（6分） □2.1 规范使用、管理相关工具量具（2分） □2.2 所用零部件摆放整齐（2分） □2.3 规范着装，并做好个人防护工作（2分） 3. 能进行三不落地操作（3分） □3.1 作业过程中做到油液不落地（1分） □3.2 作业过程中做到工具不落地（1分） □3.3 作业过程中做到零部件不落地（1分）	15分	
二	资料查询	能正确使用维修手册查询资料（10分） □1 能查询发动机型号、排量等信息，每缺1项扣1分（4分） □2 能正确记录零部件参数标准值、拧紧力矩等维修信息，每缺1项扣1分（6分）	10分	
三	技能操作	1. 气缸体与气缸盖的裂纹检查（20分） □1.1 完成检查操作准备（5分） □1.2 目视或敲击检查外部裂纹（5分） □1.3 选取合适的检验方法，检查内部裂纹（10分） 2. 气缸体与气缸盖的平面度检测（20分） □2.1 完成检测操作准备（5分） □2.2 正确选取检测位置（5分） □2.3 规范使用相关检测仪器设备（10分） 3. 气缸体与气缸盖的装配（20分） □3.1 装配任务完整，无零件漏装、错装（5分） □3.2 按照正确流程，安装连接各零部件（10分） □3.3 按照技术手册要求，拧紧气缸盖各连接螺栓（5分）	60分	
四	维修判定	□ 能对检测结果进行正确的判定分析，每误判1项扣2分（10分）	10分	
五	工单填写	□1. 工单填写字迹工整（2分） □2. 工单填写语句通顺（3分）	5分	
合计			100分	

任务三 ▶▶▶

活塞连杆组构造与检修

【任务引入】

某车型汽车的发动机经过长时间的使用，发动机动力出现明显下降，停车后常出现起动困难、甚至无法起动。经过排查发现是气缸密封性能下降所致，可能是活塞连杆组相关故障引起，这时就需要对活塞连杆组进行检修。活塞连杆组检修，主要包括活塞、活塞环和活塞销的检测与选配等内容。

【任务目标】

素质目标

1. 树立牢固的安全意识、规范意识、质量意识、责任意识；

2. 磨砺吃苦耐劳的意志品质，锤炼严谨细致的工作作风，弘扬爱岗敬业的职业精神。

知识目标

1. 熟悉活塞连杆组的功用与组成；

2. 熟悉活塞连杆组各部件的结构与作用；

3. 掌握活塞连杆组主要零部件的检测方法与技术要求。

能力目标

1. 能够按照汽车维修操作要求完成活塞、活塞环等部件的检修；

2. 能够按照汽车维修操作要求规范、熟练地完成活塞连杆组的组装及总成的安装。

知识拓展：活塞连杆组检修操作注意事项

（1）零部件应轻拿轻放，以免损坏零部件。

（2）活塞环、活塞环卡箍专用工具边缘较锋利，拆装时应小心被割伤。

（3）保持双手清洁，擦掉油脂，以防操作过程中工具滑脱。

（4）拆装活塞连杆组件时，禁止使用其他工具替代橡胶锤。

（5）禁止用扭力扳手拆卸紧固的螺栓或螺母，否则会损坏扳手。

（6）转动曲轴比较困难时，不要使用过大的力，防止身体失控摔伤。

【任务学习】

▶　**理论引导**

一、活塞连杆组的功用与组成

功用：活塞连杆组将活塞的往复运动转变为曲轴的旋转运动，同时将作用于活塞上的作用力转变为曲轴对外输出的转矩，以驱动汽车车轮转动。它是发动机的传动件，把燃烧气体的压力传给曲轴，使曲轴旋转并输出动力。

组成：活塞连杆组由活塞、活塞环、活塞销、连杆及连杆轴承等组成，如图 2-3-1 所示。

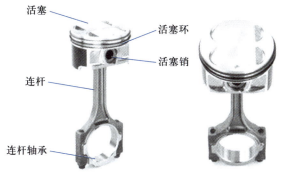

图 2-3-1　活塞连杆组的组成

 微课
活塞连杆组
的结构及组
成

 视频
活塞连杆组
组成

 微课
活塞组件结
构分析

二、活塞连杆组的主要零部件

1. 活塞

功用：承受燃烧气体压力，并将此压力，通过活塞销传给连杆以推动曲轴旋转，活塞顶部与气缸盖、气缸壁共同组成燃烧室。

🔔 **知识提示**：活塞直接与高温气体接触，气体瞬时温度可达 2 500 K 以上，活塞顶部温度高达 600~700 K；活塞顶部承受气体压力很大，特别是做功行程，汽油发动机活塞顶部压力高达 3~5 MPa，柴油发动机活塞顶部压力高达 6~9 MPa；活塞在气缸内以很高的速度往复运动，线速度可达 8~12 m/s。

材料：汽油发动机目前广泛采用的活塞材料是铝合金。铝合金活塞具有质量轻、导热性好等优点。缺点是热膨胀系数较大，在温度升高时，强度和硬度下降较快。柴油发动机的活塞材料通常有灰铸铁和耐热钢，其特点是成本低、耐热性好、热膨胀系数小。

结构：活塞由顶部、头部和裙部三部分组成，如图 2-3-2 所示。

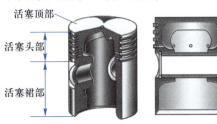

活塞顶部

活塞头部

活塞裙部

图 2-3-2   活塞结构

（1）活塞顶部：承受气体压力，并通过活塞销传给连杆；活塞顶部也是燃烧室的组成部分，因而常做成不同的形状，其形状与选用的燃烧室形状有关。

（2）活塞头部：活塞顶部至最下面活塞环槽之间的部分。活塞头部与活塞环一起实现气缸的密封，防止漏气；将活塞顶部所吸收的热量通过活塞环传到气缸壁。汽油发动机通常有三道环槽，其中两道气环槽和一道油环槽，在油环槽底面上有许多径向小孔，使被油环从气缸壁上刮下的润滑油流回油底壳。

（3）活塞裙部：指活塞环槽以下的所有部分，包括活塞销座孔。其作用是引导活塞在气缸中做往复运动和承受气缸壁传给活塞的侧压力，并将活塞头部传下来的气体压力通过活塞销座、活塞销传给连杆。

2. 活塞环

功用：气环的作用是保证气缸与活塞间的密封，并且把活塞顶部吸收的大部分热量传给气缸壁，由冷却液带走。油环的作用是布油和刮油，下行时刮除气缸壁上多余的润滑油，上行时再在气缸壁上铺涂一层均匀的油膜，既防止机油窜入气缸燃烧，又减少活塞、活塞环与气缸壁的摩擦阻力，油环还能起到密封的作用。

材料：活塞环工作时受到气缸中高温、高压的作用，随活塞一起做高速运动，要求其材料应有良好的耐热性、耐磨性、导热性及足够的强度和弹性。活塞环材料通常有合金铸铁、优质铸铁和球墨铸铁。气环一般由耐热性很好的铸铁制成；普通油环一般用耐磨合金铸铁制造。

结构：活塞环根据作用不同分为气环和油环，如图 2-3-3 所示。

（1）气环。按断面形状分为矩形环、锥面环、扭曲环、梯形环、桶面环等，如图 2-3-4 所示。

（2）油环。按结构分为整体式油环和组合式油环两种，如图 2-3-5 所示。整体式油环其外圆柱面中部切有一道凹槽，凹槽底部开有若干回油用的小孔或窄槽。组合式油环由上、下刮片和衬簧组成。

3. 活塞销

功用：连接活塞和连杆，并传递活塞的力给连杆。

微课
气环的主要
功用

微课
油环的主要
功用

动画
活塞环的泵
油原理

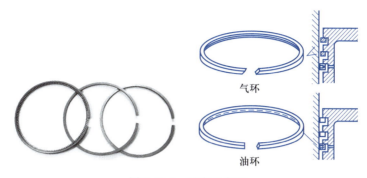

图 2-3-3 活塞环类型

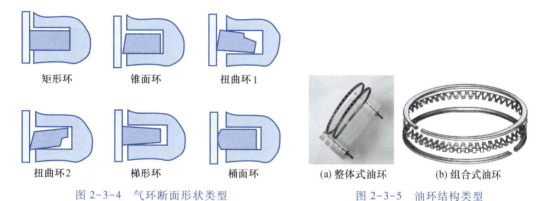

图 2-3-4 气环断面形状类型

(a) 整体式油环 (b) 组合式油环

图 2-3-5 油环结构类型

材料：一般采用低碳钢或低碳合金钢，经表面渗碳淬火后再精磨加工。

分类：活塞销根据连接形式分为全浮式活塞销和半浮式活塞销，如图 2-3-6 所示。

（1）全浮式活塞销：在发动机正常工作温度下，活塞销在连杆小头孔和活塞销座孔中都能转动。

（2）半浮式活塞销：活塞销与活塞销座孔和连杆小头两处，一处固定，一处浮动（一般固定连杆小头）。

视频
活塞与连杆
的连接方式

(a) 全浮式活塞销 (b) 半浮式活塞销

图 2-3-6 活塞销的连接方式

4. 连杆与连杆轴承

功用：将活塞的往复直线运动转变成曲轴的旋转运动，并将活塞承受的力传给曲轴，如图 2-3-7 所示。

视频
连杆功用

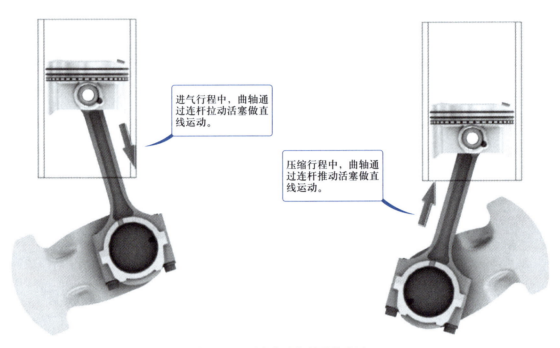

图 2-3-7　连杆与连杆轴承的功用

微课
连杆组件结构分析

材料：连杆一般采用中碳钢或中碳合金钢模锻，然后经过机械加工和热处理而成。连杆轴承的钢背由低碳钢制成，减磨层由合金材料浇注制成。

结构：连杆由连杆小头、连杆杆身和连杆大头三部分组成，如图 2-3-8（a）所示。连杆小头用于安装活塞销、连接活塞；连杆杆身多采用"工"字形断面，以提高其抗弯刚度；连杆大头通过轴承与曲轴的连杆轴颈相连。连杆轴承是采用钢背和减磨层组成的分开式薄壁滑动轴承，内表面有油槽，用以贮油和保证润滑，如图 2-3-8（b）所示。

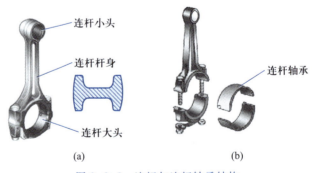

（a）   （b）

图 2-3-8　连杆与连杆轴承结构

▶　实践指导

一、准备工作

（1）设备：活塞连杆组件、发动机拆装台架等。

（2）工具量具：外径千分尺、游标卡尺、塞尺、扭力扳手、SATA 工具套件、橡胶锤等。

（3）发动机维修手册。

（4）其他耗材。

二、活塞连杆组主要零部件检修

1. 活塞检修

1）外观检查

目测活塞表面，检查活塞表面是否有裂纹、凹陷、刮伤、毛刺，若有则需要更换。

2）直径检测

（1）用抹布对活塞表面进行清洁。

（2）选用 75~100 mm 外径千分尺，进行清洁、调零处理。

（3）测量距活塞裙部底边向上约 10 mm，且与活塞销轴线错开 90°处的活塞直径，如图 2-3-9 所示。

技术要求：相对于额定尺寸的最大偏差不超过 0.04 mm。

2. 活塞环检修

1）活塞环侧隙检测

（1）将活塞环安装在相应环槽内。

（2）用塞尺进行测量，测量时来回抽动塞尺片，有适当阻力即可，如图 2-3-10 所示。

微课
活塞与活塞
环的检测

图 2-3-9 检测活塞裙部直径　　　　图 2-3-10 检测活塞环侧隙

（3）读取塞尺片上的数值，即为活塞环侧隙值。

技术要求：第一道环侧隙值一般为 0.05~0.09 mm，其他侧隙值为 0.03~0.07 mm，如侧隙值过小，可将活塞环放在有平板的纱布上研磨；若侧隙值过大应重新选配活塞环。

2）活塞环端隙检测

（1）将活塞环置于气缸内，将活塞倒置，利用活塞顶部将活塞环略向气缸内推入，一般推过气缸口 10~20 mm，并保证活塞环处于平整状态。

（2）用塞尺进行测量，参考活塞环端隙标准值，选择适当厚度的塞尺片插入活塞环开口，来回抽动塞尺片，有适当阻力即可，如图2-3-11所示。

（3）读取塞尺片上的数值，即为活塞环端隙值。

技术要求：汽油发动机气环端隙值一般为0.20~0.35 mm，油环端隙值为0.15~0.25 mm，测量端隙值若大于标准值应重新选配活塞环；若小于标准值，可对环口一端进行锉修或磨修。

微课

活塞连杆组的分装

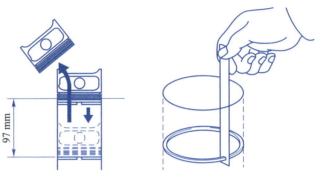

图2-3-11　检测活塞环端隙

3）活塞环背隙检测

（1）使用游标卡尺外卡爪，测量活塞环宽度。

（2）使用游标卡尺深度尺，测量环槽深度。

（3）将上述两个测量值相减，即为活塞环背隙值，一般为0~0.35 mm。

微课

活塞连杆组总成的装配

三、活塞连杆组的安装

活塞连杆组的安装步骤见表2-3-1。

表2-3-1　活塞连杆组的安装步骤

步骤	工作内容	图示
1	气缸清洁与润滑： （1）用抹布对气缸内部进行清洁。 （2）在气缸壁上喷上润滑油，并涂抹均匀	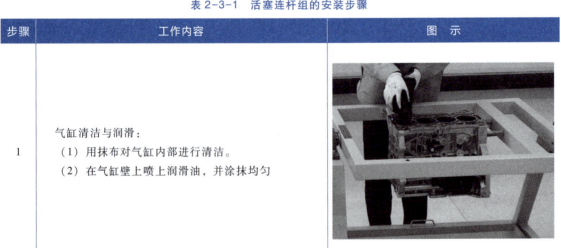

步骤	工作内容	图　示
2	调整活塞环口位置： （1）调整第一道气环开口，与活塞销轴线约呈45°角。 （2）调整第二道气环开口，与第一道气环开口错开180°角。 （3）调整油环上刮片开口，与第二道气门开口错开90°角。 （4）调整油环下刮片开口，与油环第一道刮片开口错开180°角	
3	安装活塞连杆总成： （1）使用活塞环卡箍专用工具将活塞环压靠在环槽内。 （2）用橡皮锤轻击活塞顶部，使其均匀受力滑入气缸内。 注意：检查活塞顶部的朝前标记，应指向发动机前端	
4	安装连杆轴承盖： （1）对准轴承盖的标记方向，安装连杆轴承盖。 （2）旋上各连接螺栓。 （3）使用扭力扳手，设定力矩为 29 N·m，将各连接螺栓紧固至设定力矩。 （4）依次完成其他气缸活塞连杆总成的装配。 注意：为了减少调整次数，可先转动曲轴，使 1、4 气缸处的连杆轴颈处于下止点位置，安装 1、4 气缸活塞连杆总成；再将曲轴旋转 180°，装配 2、3 气缸活塞连杆总成	 

【任务实施】

一、查询并记录发动机信息

发动机型号		发动机排量	

二、按照维修手册标准流程拆装和检测活塞连杆组的相关零部件

1. 检测活塞裙部直径，记录检测结果并进行维修判定。

检查项目	第___缸	第___缸	第___缸	第___缸
测量值				
标准值				
判　定	□正常□更换	□正常□更换	□正常□更换	□正常□更换

2. 检测活塞环三隙，记录检测结果并进行维修判定。

检查项目		第一道气环	第二道气环	油环
活塞环端隙	测量值			
	标准值			
活塞环侧隙	测量值			
	标准值			
活塞环背隙	测量值			
	标准值			
判　定		□正常□更换	□正常□更换	□正常□更换

3. 记录活塞连杆组的装配步骤与注意事项。

活塞连杆组的装配步骤	
连杆盖螺栓拧紧力矩	

【任务评价】

序号	评分项目	评分标准	配分	得分
一	安全作业	1. 能进行设备和工具安全检查（6分） □1.1 检查作业所需的工具设备是否完备（2分） □1.2 检查作业环境是否配备灭火器（2分） □1.3 检查发动机台架锁止情况（2分） 2. 能遵守实训室规范作业管理要求（6分） □2.1 规范使用、管理相关工具量具（2分） □2.2 所用零部件摆放整齐（2分） □2.3 规范着装，并做好个人防护工作（2分） 3. 能进行三不落地操作（3分） □3.1 作业过程中做到油液不落地（1分） □3.2 作业过程中做到工具不落地（1分） □3.3 作业过程中做到零部件不落地（1分）	15分	
二	资料查询	□1. 能查询发动机型号、排量等信息，每缺1项扣1分（4分） □2. 能正确记录零部件参数标准值、拧紧力矩等维修信息，每缺1项扣1分（6分）	10分	
三	技能操作	1. 活塞检查（20分） □1.1 完成外观检查，判定是否需要更换（5分） □1.2 选取合适的位置，测量活塞直径（10分） □1.3 根据检测结果，对活塞进行判定（5分） 2. 活塞环三隙检查（20分） □2.1 正确选取检测位置（5分） □2.2 规范使用相关检测量具（5分） □2.3 根据检测结果，对活塞环三隙给予正确的维修判定（10分） 3. 活塞连杆组的装配（20分） □3.1 正确选取装配工具（5分） □3.2 按照正确流程，安装连接各零部件（5分） □3.3 完成活塞连杆组的装配（10分）	60分	
四	维修判定	□ 能对检测结果进行正确的判定分析，每误判1项扣2分（10分）	10分	
五	工单填写	□1. 工单填写字迹工整（2分） □2. 工单填写语句通顺（3分）	5分	
合计			100分	

任务四 ▶▶▶

曲轴飞轮组构造与检修

【任务引入】

某车型汽车的发动机中速运行时，发动机气缸体下部有异响；高速运行时，响声增大并有运转不稳现象。经过排查分析，怀疑可能是曲轴弯曲引起轴颈、轴承严重磨损而产生的异响，这时就需要进行曲轴飞轮组检修。曲轴飞轮组检修，主要包括曲轴检修、曲轴轴承选配等内容。

【任务目标】

素质目标

1. 树立牢固的安全意识、规范意识、质量意识、责任意识；

2. 磨砺吃苦耐劳的意志品质，锤炼严谨细致的工作作风，弘扬爱岗敬业的职业精神。

知识目标

1. 熟悉曲轴飞轮组的功用与组成；

2. 熟悉曲轴飞轮组各部件的结构与作用；

3. 掌握曲轴飞轮组主要零部件的检测方法与技术要求。

能力目标

1. 能够按照汽车维修操作要求，完成曲轴的检测与曲轴轴承的选配；

2. 能够按照汽车维修操作要求，规范、熟练地完成曲轴的装配。

知识拓展：曲轴飞轮组检修操作注意事项

（1）外径千分尺、百分表等量具应轻拿轻放，以免损坏。

（2）套筒的规格必须与螺栓或螺母规格一致，以免造成部件或套筒的损坏。

（3）保持地面整洁干净，防止搬运曲轴等较重零部件时因地面湿滑零部件跌落或人员滑倒造成意外伤害。

（4）禁止用扭力扳手拆卸紧固的螺栓或螺母，防止损坏扳手。

（5）禁止拆装过程野蛮操作，防止发生安全事故。

【任务学习】

▶ 理论引导

一、曲轴飞轮组的功用与组成

功用：曲轴飞轮组把活塞的往复运动转变为曲轴的旋转运动，为汽车的行驶系统和其他需要动力的机构输出扭矩，如图 2-4-1 所示。它同时还储存能量，用以克服非做功行程的阻力，使发动机运转平稳。

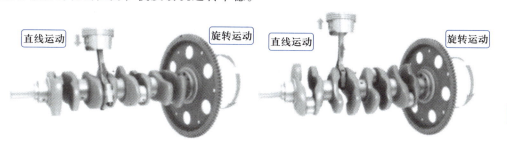

图 2-4-1 曲轴飞轮组的功用

组成：曲轴飞轮组主要由曲轴、飞轮、曲轴正时齿轮和曲轴传动带轮等组成，如图 2-4-2 所示。

二、曲轴飞轮组的主要零部件

1. 曲轴

功用：把活塞连杆组传来的气体压力转变为扭矩对外输出，驱动配气机构及其他附属装置（如发电机、水泵、转向油泵等）。

材料：一般采用优质中碳钢或中碳合金钢模锻，轴颈表面进行高频淬火或氮化处理，提高其耐磨性。有的曲轴采用球墨铸铁铸造。

结构：由主轴颈、连杆轴颈、曲柄、平衡重、曲轴前端和曲轴后端等组成，如图 2-4-3 所示。

（1）主轴颈：根据曲轴的支承方式分类，曲轴分为全支承曲轴和非全支承曲轴，如图 2-4-4 所示。全支承曲轴的每个连杆轴颈两边都有一个主轴颈；而非全支承曲轴的主轴颈数一般等于或少于连杆轴颈数。

微课
曲轴飞轮组的结构及组成

视频
曲轴飞轮组组成

视频
曲轴的功用

微课
曲轴结构分析

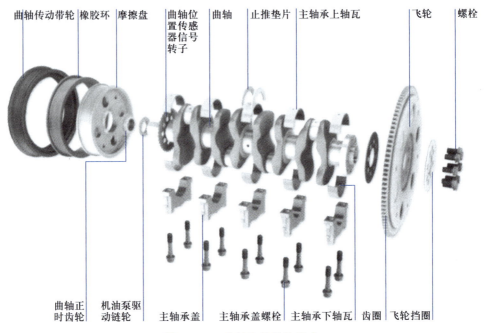

曲轴传动带轮　橡胶环　摩擦盘　曲轴位置传感器信号转子　曲轴　止推垫片　主轴承上轴瓦　飞轮　螺栓

曲轴正时齿轮　机油泵驱动链轮　主轴承盖　主轴承盖螺栓　主轴承下轴瓦　齿圈　飞轮挡圈

图 2-4-2　曲轴飞轮组的组成

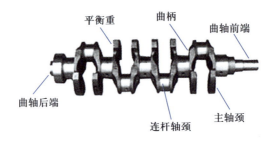

平衡重　曲柄　曲轴前端

曲轴后端　连杆轴颈　主轴颈

图 2-4-3　曲轴结构

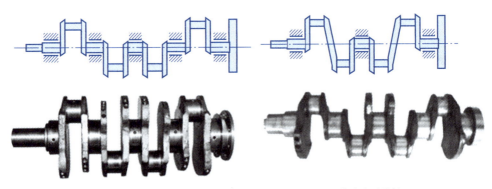

(a) 全支承曲轴　　　　　　(b) 非全支承曲轴

图 2-4-4　曲轴的支承方式

🔔 **知识提示**：直列式发动机的全支承曲轴，其主轴颈数（包括曲轴前端和曲轴后端的主轴颈）比气缸数多一个；V 形发动机的全支承曲轴，其主轴颈数比气缸数的一半多一个。

（2）连杆轴颈：曲轴与连杆的连接部分，通过曲柄与主轴颈相连。直列式发动机的连杆轴颈数和气缸数相等；V 形发动机的连杆轴颈数等于气缸数的一半。

（3）曲柄：主轴颈和连杆轴颈的连接部分，为了平衡惯性力，曲柄处铸有平衡重。平衡重用来平衡发动机离心力及往复惯性力，从而使曲轴旋转平稳。

（4）曲轴前端：装有正时齿轮、驱动风扇和水泵的传动带轮等。为了防止润滑油沿曲轴轴颈外漏，在曲轴前端装有一个甩油盘，在齿轮室盖内装有油封。

（5）曲轴的后端：用来安装飞轮，在后轴颈与飞轮凸缘之间制成挡油凸缘与回油螺纹，以阻止润滑油向后窜漏。

（6）曲拐布置：一个连杆轴颈与它两端的曲柄及主轴颈构成一个曲拐。曲轴的形状和各曲拐的相对位置取决于气缸数、气缸排列方式和点火次序。直列式发动机曲轴的曲拐数等于气缸数；V 形发动机曲轴的曲拐数等于气缸数的一半。常见多缸发动机曲拐布置形式如下。

① 四冲程直列四缸发动机曲拐布置，做功间隔角为 720°/4 = 180°，发动机做功顺序为 1—2—4—3 和 1—3—4—2 两种。

② 四冲程直列六缸发动机曲拐布置，做功间隔角为 720°/6 = 120°，发动机做功顺序为 1—5—3—6—2—4 和 1—4—2—6—3—5 两种。

③ 四冲程 V 形八缸发动机曲拐布置，做功间隔角为 720°/8 = 90°，发动机做功顺序为 1—8—4—3—6—5—7—2。

2．曲轴扭转减振器

视频
扭转减振器功用

功用：利用其内部摩擦作用使曲轴扭转振动能量逐渐消耗殆尽，从而使曲轴的振幅减小，一般安装在曲轴前端。

分类：按其材料可分为橡胶式、摩擦式和硅油式三类，如图 2-4-5 所示，汽车发动机最常用的曲轴扭转减振器是摩擦式减震器。

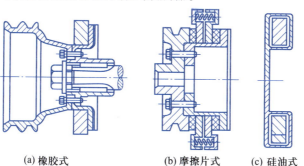

(a) 橡胶式　　　　(b) 摩擦片式　　　(c) 硅油式

图 2-4-5　曲轴扭转减振器

3. 飞轮

功用：飞轮是一个转动惯量很大的圆盘，如图 2-4-6 所示。飞轮的主要作用是将做功行程中发动机传输给曲轴的一部分能量储存起来，用于非做功（进气、压缩、排气）行程克服短期超负荷，并将发动机的动力传给离合器。

图 2-4-6　飞轮

结构：在飞轮的边缘上镶有飞轮齿圈，与起动机驱动齿轮啮合。有的飞轮上还刻有上止点记号，用来校正点火正时、喷油正时，以及调整气门间隙。

▶　**实践指导**

一、准备工作

（1）设备：曲轴飞轮组件、发动机拆装台架等。

（2）工具量具：外径千分尺、百分表、磁力表座、检测平板、V 形块、扭力扳手、SATA 工具套件等。

（3）发动机维修手册。

（4）其他耗材。

二、曲轴飞轮组主要零部件检修

微课
曲轴的检测

1. 曲轴检修

1）测量曲轴主轴颈直径

（1）用抹布对曲轴主轴颈进行清洁。

（2）用 V 形块支承固定曲轴，如图 2-4-7 所示。

（3）选用 25～50 mm 外径千分尺，进行清洁与调零处理。

（4）转动外径千分尺套管，使测微螺杆位于最大测量位置。

（5）将外径千分尺靠近测量轴颈，使测量轴颈处于外径千分尺测砧与测微螺杆之间，转动棘轮旋钮，当测砧与测微螺杆靠近轴颈表面，且棘轮发出咔嗒声响时停止转动，如图 2-4-8 所示。

（6）锁紧外径千分尺，读取测量数值。

注意：测量时，前后移动外径千分尺，确保外径千分尺测量的是轴颈最大外径；

每个轴颈截面纵横测量两次，测量值须在标准值范围内。

图 2-4-7　支承固定曲轴

图 2-4-8　检测曲轴主轴颈直径

2）测量曲轴连杆轴颈直径

（1）用抹布对曲轴连杆轴颈进行清洁。

（2）选用 25~50 mm 外径千分尺，进行清洁与调零处理。

（3）转动外径千分尺套管，使测微螺杆位于最大测量位置。

（4）将外径千分尺靠近测量的连杆轴颈，使其处于外径千分尺测砧与测微螺杆之间；转动棘轮旋钮，当测砧与测微螺杆靠近连杆轴颈表面，且棘轮发出咔嗒声响时停止转动，如图 2-4-9 所示。

（5）锁紧外径千分尺，读取测量数值，每个连杆轴颈截面纵横测量两次，测量值须在标准值范围内。

3）曲轴弯曲检测

（1）将曲轴放在 V 形块上。

（2）架设磁力表座，将百分表测量头对准测量点。

（3）进行曲轴弯曲度检测时，一般将百分表测量头抵压在曲轴中间轴颈位置。

（4）将百分表测量头预压 1~2 mm，保证测量头能有效与测量表面接触。

（5）调整百分表表盘，让指针指示零刻线。

（6）缓慢转动曲轴一圈，观察、记录百分表指针跳动值，如图 2-4-10 所示。

图 2-4-9　检测曲轴连杆轴颈直径

图 2-4-10　检测曲轴弯曲变形

注意：转动速度不能过快，防止百分表测量头滑离测量表面，指针左右偏摆最大值之和为曲轴的弯曲值，若弯曲值大于 0.15 mm，则应进行曲轴的压力校正。

2．飞轮检修

1）飞轮齿圈的检修

飞轮齿圈如只有个别齿损坏，齿圈单面磨损，可在轮齿另一端重新倒角，将齿圈翻面使用。若齿面磨损超过齿长的30%或连续损坏4齿以上，应更换飞轮。

2）飞轮工作面的检修

飞轮工作面磨损形成波浪形槽，应用油石磨平；深度超过0.5 mm或平面度误差大于0.15 m时，应车削或磨削加工。飞轮加工后，其总厚度一般不得减少超过1.2 mm。工作面允许有1~2道环形沟痕。

3）飞轮修复后的检验

飞轮修复后，工作表面应平整、无裂纹，其平面度误差应小于0.10 mm。飞轮修复后的厚度尺寸与标准尺寸的差值一般不得大于1.2 mm。飞轮与曲轴装合后，飞轮平面对曲轴轴线的端面全跳动应小于0.20 mm。飞轮与曲轴装合后，应在平衡机上进行平衡试验，动不平衡量应符合原厂规定。

微课
曲轴的安装

三、曲轴的安装

曲轴的安装步骤见表2-4-1。

表 2-4-1 曲轴的安装步骤

步骤	工作内容	图　示
1	气缸体清洁： 用抹布清洁气缸体各轴承座表面	—
2	安装曲轴上轴承： （1）安装前，用抹布清洁曲轴上轴承表面。 （2）清洁完毕后，将曲轴上轴承油孔和凸起分别与气缸体轴承座上的油孔和凹槽对齐。 （3）把曲轴上轴承嵌入轴承座内孔中，依次完成各曲轴上轴承安装。 （4）安装完毕后，在曲轴上轴承表面均匀涂抹一层润滑油	
3	安装曲轴止推片： （1）分别将2个止推片安装在气缸体4号轴承座两侧。 （2）安装完毕后在止推片表面均匀涂抹一层润滑油。 注意：止推片油槽面朝外	

步骤	工作内容	图示
4	安放曲轴： （1）将曲轴按正确位置安放在气缸轴承座上。 （2）轻轻转动曲轴 1~2 圈，并注意检查止推片是否错位	
5	安装曲轴轴承盖： （1）用抹布清洁曲轴下轴承表面，再将其嵌入轴承盖内孔中，并在曲轴下轴承表面均匀涂抹一次润滑油。 （2）随后按照轴承盖上的代号与朝前标记，将各轴承盖安放到对应的轴承座上。 （3）安放各连接螺栓。 （4）使用棘轮扳手与 M12 内六角套筒的组合，快速带入各连接螺栓。 （5）再按照从中间向两边交叉拧紧的顺序，拧紧各连接螺栓。 （6）最后选用扭力扳手，设定力矩为60 N·m。 （7）按照从中间向两边交叉拧紧的顺序，将各螺栓拧紧至规定力矩	
6	检测曲轴止推间隙： （1）清洁曲轴测量端面。 （2）架设磁力表座、连接百分表。 （3）用一字旋具，往发动机后端撬动曲轴，然后对百分表进行预压调零。 （4）再用一字旋具，往发动机前端撬动曲轴，记录百分表指针偏移量，即为曲轴止推间隙值。 （5）曲轴标准止推间隙为 0.020~0.220 mm，如果止推间隙超过标准范围，应重新选配止推片	

【任务实施】

一、查询并记录发动机信息

发动机型号		发动机排量	

二、按照维修手册标准流程拆装和检测曲轴飞轮组的相关零部件

1. 检测曲轴主轴颈与连杆轴颈直径，记录检测结果并进行维修判定。

检查项目		A 截面		B 截面	
曲轴主轴颈 第（　）道	测量值				
	标准值				
连杆轴颈 第（　）道	测量值				
	标准值				
判　定		□正常　□修整　□更换			

2. 检测曲轴弯曲变形，记录检测结果并进行维修判定。

检测方法	
检测结果	
判　定	□正常　□校正　□更换

3. 检测曲轴轴向间隙，记录检测结果并进行维修判定。

检测方法	
检测结果	
判　定	□正常　□调整

4. 记录曲轴的装配要求与注意事项。

将曲轴主轴承盖螺栓拧紧顺序填入右图中	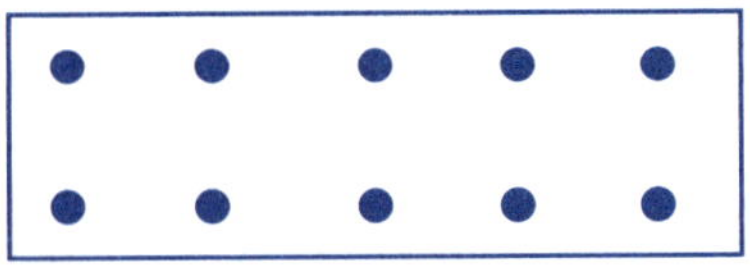
轴承盖螺栓拧紧力矩	

【任务评价】

序号	评分项目	评分标准	配分	得分
一	安全作业	1. 能进行设备和工具安全检查（6分） □1.1 检查作业所需的工具设备是否完备（2分） □1.2 检查作业环境是否配备灭火器（2分） □1.3 检查发动机台架锁止情况（2分） 2. 能遵守实训室规范作业管理要求（6分） □2.1 规范使用、管理相关工具量具（2分） □2.2 所用零部件摆放整齐（2分） □2.3 规范着装，并做好个人防护工作（2分） 3. 能进行三不落地操作（3分） □3.1 作业过程中做到油液不落地（1分） □3.2 作业过程中做到工具不落地（1分） □3.3 作业过程中做到零部件不落地（1分）	15分	
二	资料查询	□1. 能查询发动机型号、排量等信息，每缺1项扣1分（4分） □2. 能正确记录零部件参数标准值、拧紧力矩等维修信息，每缺1项扣1分（6分）	10分	
三	技能操作	1. 曲轴主轴颈与连杆轴颈直径检测（15分） □1.1 量具的正确选用与规范使用（5分） □1.2 选取合适的位置，测量曲轴轴颈直径（5分） □1.3 根据检测结果，对曲轴轴颈磨损进行判定（5分） 2. 曲轴弯曲变形检测（15分） □2.1 磁力表座与百分表的正确使用（5分） □2.2 选取合适的位置，测量曲轴弯曲变形量（5分） □2.3 根据检测结果，对弯曲变形量进行判定（5分） 3. 曲轴轴向间隙检测（15分） □3.1 磁力表座与百分表的正确安装（5分） □3.2 选取合适的位置，正确读取检测数值（5分） □3.3 根据检测结果，给出有效的维修建议（5分） 4. 曲轴的装配（15分） □4.1 正确选取装配工具（5分） □4.2 按照规定装配要求，安装连接各轴承盖（5分） □4.3 零部件装配位置无误、无零部件漏装（5分）	60分	
四	维修判定	□ 能对检测结果进行正确的判定分析，每误判1项扣2分（10分）	10分	
五	工单填写	□1. 工单填写字迹工整（2分） □2. 工单填写语句通顺（3分）	5分	
合计			100分	

项目三 >>>

配气机构构造与检修

📋 项目描述

　　配气机构是发动机的重要组成部分，其功用是实现发动机的换气过程。配气机构根据气缸的工作次序，定时地开启和关闭进、排气门以保证气缸吸入新鲜充量和排出废气。配气机构的性能及其密封性直接影响发动机的充气效率、空燃比乃至影响发动机的性能。

　　本项目主要介绍配气机构的结构组成、工作原理、机件检修等知识及技能。通过本项目的学习，应掌握配气机构的检修要点、操作流程及规范要求，为后期维修操作夯实技能基础。

任务一 ▶▶▶

....

配气机构检修基础

发动机工作过程中，要求配气机构的气门要关闭严密、开闭及时、开度足够。如果气门关闭不严，在压缩行程会漏气，造成气缸压力不足和混合气的损失；在做功行程会泄压，使混合气的压力降低。若气门开闭不及时或开度不够，则会使进气不充分、排气不彻底。上述情况都会严重影响发动机的功率，甚至使发动机不能起动。检修配气机构，需要了解配气机构由哪些部件组成？它们是如何工作的？

【任务目标】

素质目标

1. 树立牢固的安全意识、规范意识、质量意识、责任意识；

2. 磨砺吃苦耐劳的意志品质，锤炼严谨细致的工作作风，弘扬爱岗敬业的职业精神。

知识目标

1. 熟悉配气机构的分类；

2. 掌握配气机构的功用与组成；

3. 了解配气机构的工作过程。

能力目标

1. 能够正确描述配气机构的功用、组成及工作原理；

2. 能够指出配气机构在发动机上所处的位置，识别各组成部件的外形结构及其位置。

知识拓展：发动机多气门设计

一般来说，同等排量情况下，气门越多，进、排气效率越好。就像一个人跑步，累得气喘吁吁时，需要张大嘴巴呼吸。传统的发动机多是二气门结构，每缸一个进气门和一个排气门，其结构简单、制造成本低。

排量较大、功率较大的发动机需要采用多气门技术。最简单的多气门技术是三气门结构，即在二气门结构基础上再加上一个进气门。近年来，各汽车厂商新开发的轿车多采用四气门结构，每个气缸各有两个进气门和两个排气门，能大幅提高发动机的进气、排气效率。此外，大众汽车设计、采用了五气门技术，不过当达到或超过六气门不仅使配气结构过于复杂，还会导致发动机寿命缩短，气门开启的空间帘区（气门的圆周和气门的升程）较小，效率下降。目前，四气门技术使用最为普遍。

【任务学习】

▶   **理论引导**

微课
配气机构的
功用与组成

一、配气机构的功用

配气机构的功用是按照发动机工作循环和点火顺序的要求，定时开启和关闭各气缸的进、排气门，使新鲜充量及时进入气缸，废气及时从气缸排出，实现发动机换气补给的整个过程，如图 3-1-1 所示。在压缩与做功行程中，要保证燃烧室的密封。

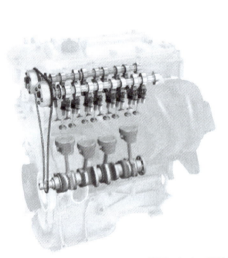
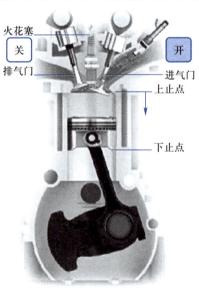

图 3-1-1　配气机构的功用

> 🔔 **知识提示**：新鲜充量对于汽油发动机而言是汽油和空气的混合气，对于柴油发动机而言是纯空气。

二、配气机构的组成

配气机构主要由两大部分组成：气门组、气门传动组，如图 3-1-2 所示。

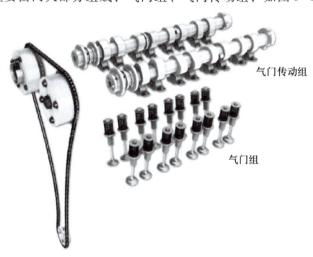

图 3-1-2　配气机构的组成及安装位置

气门组：封闭进、排气道，由气门、气门导管、气门弹簧、气门座圈及气门锁片等组成。

气门传动组：使进、排气门按配气相位规定的时刻开启和关闭，由凸轮轴、挺柱、推杆、摇臂、正时链（齿）轮及正时链条（传动带）等组成。

三、配气机构的工作原理

发动机曲轴通过正时链条（传动带）带动凸轮轴旋转，凸轮跟随旋转并改变与挺柱的接触位置，从而产生不同的推力作用，具体过程如下。

（1）当凸轮基圆部分与挺柱接触时，气门在弹簧作用下保持关闭状态。

（2）当凸轮推程部分与挺柱接触时，因其推力作用压缩气门弹簧，气门离开气门座将气缸与进（排）气道连通。

（3）当凸轮凸起顶点与挺柱接触时，气门达到最大开度。

（4）当凸轮回程部分与挺柱接触时，气门逐渐关闭。

这样气门随着凸轮轴的旋转，循环开启和关闭。

气门的开启是通过气门传动组完成的；而气门的关闭则是由气门弹簧来完成的，每次气门打开时，压缩气门弹簧为气门关闭积蓄能量。气门的开闭时刻与规律取决

动画
配气机构

微课
配气机构的构成

动画
配气机构机械动画

视频
发动机配气机构工作原理

于凸轮的轮廓曲线形状。

🔔 **知识提示**：四冲程发动机每完成一个工作循环，曲轴转两圈（720°）、凸轮轴转一圈（360°），各缸进、排气门各开启一次，曲轴与凸轮轴转速之比为2：1。

四、配气机构的分类

配气机构的分类见表 3-1-1。

表 3-1-1 配气机构的分类

分类方式	类型	说明	图示
按气门安装位置	气门侧置式	气门位于气缸体侧面，其缺点是燃烧室结构不紧凑，热量损失大，这种布置形式已淘汰	
	气门顶置式	气门位于气缸盖上，其特点是进气阻力小，燃烧室结构紧凑，气流搅动大，能达到较高的压缩比，被现代汽车发动机广泛采用	
按凸轮轴布置位置	凸轮轴下置式	主要缺点是气门和凸轮轴相距较远，因而气门传动零件较多，结构较复杂，发动机高度也有所增加	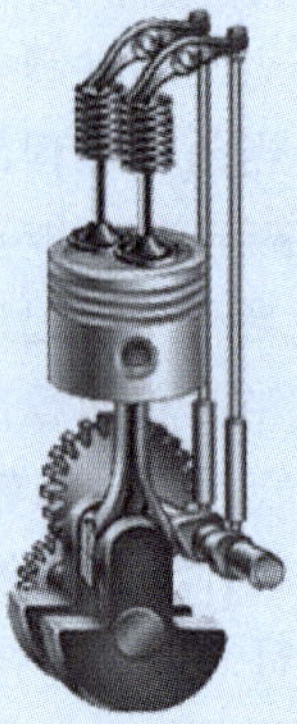

续表

分类方式	类　型	说　　明	图　示
按凸轮轴布置位置	凸轮轴中置式	凸轮轴位于气缸体的中部，由凸轮轴经过挺柱直接驱动摇臂，省去推杆或推杆长度缩短	
	凸轮轴上置式	凸轮轴布置在气缸盖上，此结构适用于高速发动机	
按凸轮轴传动方式	齿轮传动	一般应用于凸轮轴下置、中置式的配气机构，汽油发动机上很少见，货车用柴油发动机上应用较多	
	链条传动	优点是传动可靠性好、寿命长、运行阻力小，缺点是必须进行链条润滑、噪声大	

分类方式	类型	说明	图示
按凸轮轴传动方式	传动带传动	优点是无须润滑、结构简单、无噪声、成本低，缺点是可靠性和准确性稍差，传递力矩小、要定期检查更换	
按每缸气门数	双气门式	一般发动机都采用每缸两个气门，即一个进气门和一个排气门的结构	 进气门—⊙—排气门
	多气门式	新型汽车发动机上多采用每缸四个气门的结构，即两个进气门和两个排气门；也有采用三个或五个甚至更多气门的形式	  进气门—⊙—排气门 进气门—⊙—排气门

五、配气相位

（1）定义：用曲轴转角表示的进、排气门开闭时刻及其开闭的持续时间。

（2）配气相位分析。

理论上：进、排气过程分别在活塞的一个行程内完成，即进气时间和排气时间各占180°曲轴转角。由于发动机的实际转速很高，活塞每一行程所用时间极短（如桑塔纳 AJR 发动机转速在 5 600 r/min 时，一个行程历时仅为 0.005 4 s），这样短时间的进气或排气过程，导致发动机进气不充足，排气不彻底，会使发动机的功率下降。

实际上：现代汽车发动机为了使进气充足，排气干净，除了从结构上进行改进外（如增大进、排气管通道截面），气门的实际开启和关闭时刻并不恰好是活塞处在上、下止点的时刻，而是适当提前开启、延迟关闭，使气门持续开启对应的曲轴转角大于180°，以延长进、排气时间，改善进、排气状况，从而提高发动机的动力性，如图 3-1-3 所示。合理的配气相位是根据发动机结构形式、转速等因素通过反复试验确定的，由凸轮的形状及配气机构保证。发动机的配气相位参数见表 3-1-2。

> 🔔 **知识提示**：传统发动机的配气相位，只有当发动机在某一特定转速下运转时，才是最合适的。随着电子控制技术在汽车发动机中的推广应用，随转速、负荷变化而自动调整的可变配气相位发动机越来越普遍，如丰田的 VVT-i、本田的 VTEC、奔驰的 VALVETRONIC 等。

微课
配气相位

动画
配气相位

微课
可变气门控制技术

视频
新技术——DVVT 双向气门可变正时技术

表 3-1-2　配气相位参数

名　称	参　数	作　　用
α（进气提前角）	10°~30°	提前获得较大开度，增大进气通道截面，减小进气阻力
β（进气延迟角）	40°~80°	利用气流的压力差与惯性继续进气
γ（排气提前角）	40°~80°	利用气缸内的废气压力提前自由排气
δ（排气延迟角）	10°~30°	利用气流的压力差与惯性继续排气

> 🔔 **知识提示**：同一气缸进、排气门同时开启的现象，称为气门叠开。气门叠开的时间极短，由于新鲜气流和废气流的流动惯性，在短时间内不会改变流向，进入气缸的新鲜气体会对废气产生排挤作用，使进气更充分，排气更彻底。若气门叠开角过大，当发动机小负荷运转，进气歧管压力很低时，可能出现废气倒流，使进气量减少。

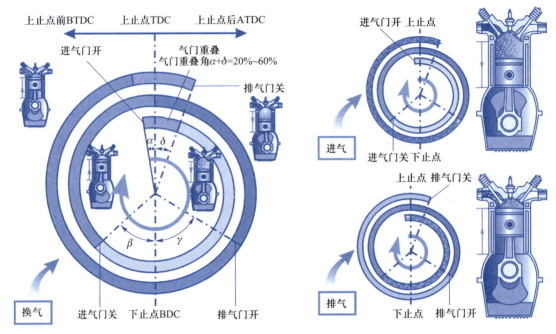

图 3-1-3   配气相位图

【任务实施】

1. 填写下方各序号对应的零部件名称。

微课
配气相位演
示分析

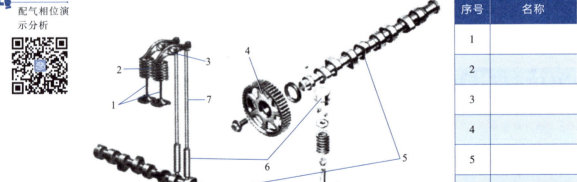

序号	名称
1	
2	
3	
4	
5	
6	
7	

2. 描述配气机构的功用。

3. 描述配气机构的结构组成。

4. 描述配气机构的主要分类方式及各自的特点。

【任务评价】

序号	评分项目	评分标准	配分	得分
一	安全作业	1. 能进行设备和工具安全检查（6分） □1.1 检查作业所需的工具设备是否完备（2分） □1.2 检查作业环境是否配备灭火器（2分） □1.3 检查发动机台架锁止情况（2分） 2. 能遵守实训室规范作业管理要求（6分） □2.1 规范使用、管理相关工具量具（2分） □2.2 所用零部件摆放整齐（2分） □2.3 规范着装，并做好个人防护工作（2分） 3. 能进行三不落地操作（3分） □3.1 作业过程中做到油液不落地（1分） □3.2 作业过程中做到工具不落地（1分） □3.3 作业过程中做到零部件不落地（1分）	15分	
二	知识解析	□1. 能够正确描述配气机构功用（10分） □2. 能够正确描述配气机构组成（10分） □3. 能够正确描述配气机构主要类型及特点（10分）	30分	
三	实践认知	□1. 能够在发动机上找出配气机构所处位置（5分） □2. 能够找出配气机构的气门组，指出其安装位置（10分） □3. 能够找出配气机构的气门传动组，指出其安装位置（5分） □4. 能够辨别配气机构凸轮轴的传动方式，并描述其工作特点（5分） □5. 能够准确识别配气机构各零部件（15分） □6. 能够准确识别进、排气门（5分）	45分	
四	工单填写	□1. 工单填写字迹工整（4分） □2. 工单填写语句通顺（6分）	10分	
合计			100分	

任务二 ▶▶▶

气门组构造与检修

　　发动机工作过程中，气门组零部件环境温度高、往复运动频繁、润滑条件相对较差，随着磨损和各种损伤的加重，会降低发动机的充气系数，导致发动机功率下降，油耗增加。出现上述问题的原因，一般是气门杆及气门头部变形、漏气及严重磨损所致，这时就需要进行气门组的检修。气门组检修的主要内容是对气门、气门导管、气门弹簧等主要零部件进行检修。

【任务目标】

素质目标

1. 树立牢固的安全意识、规范意识、质量意识、责任意识；

2. 磨砺吃苦耐劳的意志品质，锤炼严谨细致的工作作风，弘扬爱岗敬业的职业精神。

知识目标

1. 熟悉气门组的功用与组成；

2. 掌握气门组各零部件的结构与作用；

3. 掌握气门组主要零部件的检测方法与技术要求。

能力目标

1. 能够按照汽车维修操作要求，完成气门组主要零部件的检测；

2. 能够按照汽车维修操作要求，规范、熟练地完成气门组的安装。

知识拓展：气门组检修操作注意事项

　　（1）在气门组拆装过程中，应尽量佩戴防护眼镜，防止气门锁片弹出伤害眼睛。

（2）正确使用气门弹簧压缩工具，应防止人员意外受伤。

（3）零部件轻拿轻放，防止零部件滑落地面从而摔坏或遗失。

（4）禁止拆卸过程中野蛮操作，以防发生安全事故。

【任务学习】

▶ 理论引导

一、气门组的功用与要求

功用：保证气门能实现气缸的密封。

要求：气门头部与气门座贴合严密；气门杆在气门导管中有良好的导向作用；气门弹簧能使气门迅速开闭，并保证气门紧压在气门座上。

二、气门组的组成

气门组由气门、气门导管、气门座、气门杆、气门弹簧、气门弹簧座、锁片、油封等零部件组成，如图 3-2-1 所示。

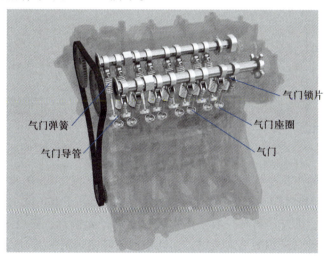

图 3-2-1　气门组的组成

微课
气门组的结构及组成

视频
气门组组成

视频
气门功用

视频
气门构造

微课
气门与气门导管结构分析

1. 气门

功用：气门是燃烧室的组成部分，在活塞压缩、做功过程中密封进、排气道；同时，气门在进、排气行程中打开或关闭进、排气道，如图 3-2-2 所示。

结构：气门由头部和杆部两部分组成，如图 3-2-3 所示。头部用来封闭进、排气道，杆部用来在气门开闭过程中起导向作用。

气门头部由气门顶部和密封锥面组成，进、排气门的气门锥角一般为 45°，部

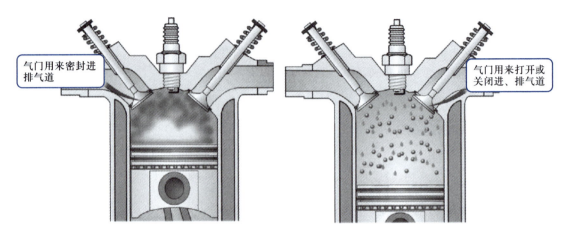

图 3-2-2   气门的功用

分发动机的进气门锥角为 30°。气门头部边缘应保持一定厚度，一般为 1~3 mm，以防止工作中冲击损坏和被高温烧蚀。

气门杆呈圆柱形，在气门导管中做往复直线运动，其表面应具有较高的加工精度，并经热处理以保证同气门导管的配合精度和耐磨性。

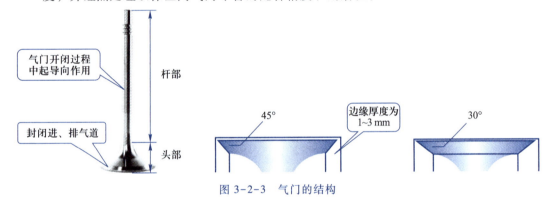

图 3-2-3   气门的结构

材料：气门的工作条件非常恶劣，气门头部的工作温度很高，进气门头部工作温度可达 670 K；排气门头部工作温度更高，可达 1 050~1 200 K。由于进、排气门的工作条件不同，进气门材料一般采用中碳合金钢，如铬钢、镍铬钢等；排气门由于热负荷大，材料则采用耐热合金钢，如硅铬钢、硅铬钼钢等。

视频
气门导管功用

2. 气门导管

功用：气门导管起导向作用，保证气门做直线往复运动；气门导管还起导热作用，将气门头部传给杆部的热量，通过气缸盖传导出去。气门导管的工作温度也较高，可达 500 K 左右。

结构：气门导管内、外圆面经加工后压入气缸盖的气门导管孔内，然后再精铰内孔，如图 3-2-4 所示。气门导管的外表面与气缸盖的配合有一定的过盈量，以保证良好的传热和防止松脱。为防止气门导管对气流造成阻力，伸入端的外圆做成圆锥状。气门导管与气门杆之间留有 0.05~0.12 mm 的间隙，使气门杆能在导管内自由运动。

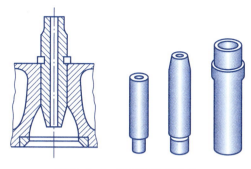

图 3-2-4 气门导管的结构

材料：由于气门导管处润滑较困难，为了改善润滑性能，气门导管常用灰铸铁、球墨铸铁或铁基粉末冶金制造。

3. 气门座

功用：与气门头部一起对进、排气道起密封作用，同时接受气门头部传来的热量，起到散热的作用。

结构：气门座可在气缸盖上直接镗出，但大多数车用发动机的气门座用耐热合金钢或耐热合金铸铁单独制成气门座圈，然后镶嵌在气缸盖上。镶嵌式气门座耐高温、耐磨损和耐冲击，而且使用寿命长，易于更换。

4. 气门弹簧

功用：保证气门回位，在气门关闭时，保证气门与气道口之间的密封；在气门开启时，保证气门不因运动时产生的惯性力脱离凸轮。

视频
气门弹簧功用

结构：气门弹簧多为圆柱形螺旋弹簧，为防止气门弹簧发生共振，常采用变螺距气门弹簧、锥形气门弹簧、双气门弹簧的结构，如图 3-2-5 所示。变螺距气门弹簧安装时，应使螺距小的一端朝下；锥形气门弹簧安装时，应使弹簧大端朝下；双气门弹簧则应采用不同直径、旋向相反的内、外弹簧进行组合。

(a) 变螺距气门弹簧　　(b) 锥形气门弹簧　　(c) 双气门弹簧

图 3-2-5 气门弹簧的结构

材料：气门弹簧采用高碳锰钢或铬钒钢等材料进行冷拔丝，加工后进行热处理。

视频
气门锁片功用

5. 油封和锁片

油封：防止润滑油进入燃烧室，安装在气门导管上方。气门油封发生损坏后，会使润滑油由气门处进入燃烧室燃烧，出现排气冒蓝烟、润滑油消耗异常等现象。气门油封多为一次性零件产品，拆卸后应更换新件。

锁片：在气门弹簧力的作用下，把气门弹簧座和气门杆锁止为一体，使弹簧弹力作用到气门杆上，防止气门在运动过程中脱离。

> **实践指导**

一、准备工作

（1）设备：进气门、排气门、气门导管、气门弹簧、气缸盖、气门拆装钳、镊子、橡胶锤等。

（2）工具量具：游标卡尺、外径千分尺、百分表、磁力表座、检测平板、塞尺、钢角尺等。

（3）发动机维修手册。

（4）其他耗材。

微课
气门组主要零部件的检测

二、气门组主要零部件的检修

气门组主要零部件检修工作过程见表3-2-1。

图 3-2-1　气门组主要零部件检修工作过程

零部件	检修项目	检修方法	图　示
气门	长度检测	用游标卡尺测量气门全长，气门全长磨损大于0.5 mm应予以更换	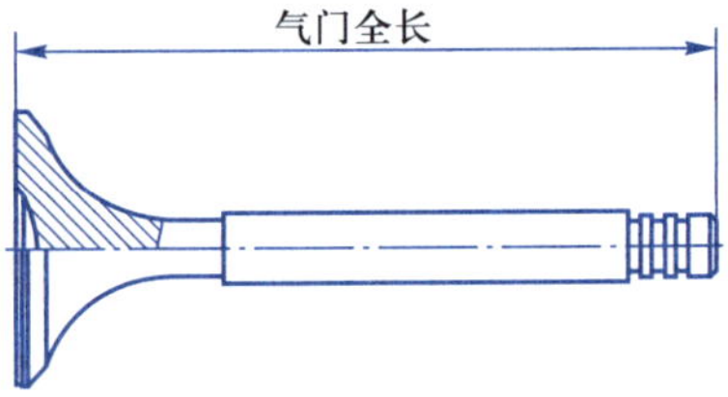 
	边缘厚度检测	用游标卡尺测量气门头部边缘厚度，一般气门头部边缘厚度低于1 mm应予以更换	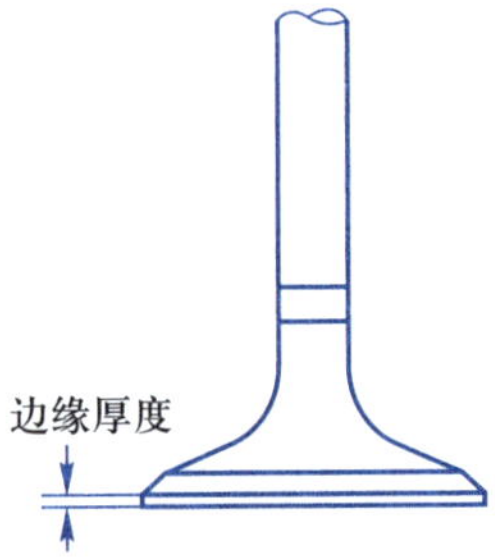
	直径检测	用外径千分尺测量气门杆直径，分上、中、下三个截面，每个截面纵横测量两次，气门杆磨损超过0.05 mm应予以更换	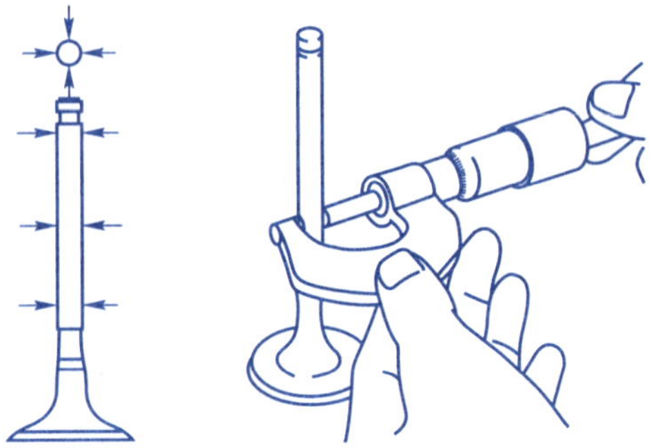

续表

零部件	检修项目	检修方法	图　示
气门	弯曲度检测	将气门支撑在两个距离100 mm 的 V 形架上，然后用百分表触头测量气门杆中部的弯曲度，气门杆弯曲度超过 0.05 mm 应予以更换或校正	
	气门头部倾斜度检测	转动气门头部一圈，用百分表测量气门头部倾斜度，许用倾斜度为 0.02 mm，超出应予以更换或校正	
气门座	气门与气门座同轴度检测	在气门密封面涂一层蓝色染料，将气门安装到气缸中，压在气门座上转动。然后取出气门，检查气门座工作面上料状态。若颜料沿密封面不连续，则气门座与气门不同轴，应更换气门并修整气门座	
气门导管	气门与气门导管配合间隙检测	将气门提起至距气缸平面 15～20 mm 的高度，将百分表杆顶触气门顶部边缘，来回推动气门，测量气门与气门导管的配合间隙，一般进气门不超过 1.0 mm，排气门不超过 1.3 mm，否则应更换气门导管	

续表

零部件	检修项目	检修方法	图　示
气门弹簧	自由长度检测	用游标卡尺测量气门弹簧自由长度，一般自由长度的减小值不得超过 2 mm，否则应予以更换	
	垂直度检测	用钢角尺和塞尺检查气门弹簧在自由状态下，支承面对弹簧中心线的垂直度，要求不大于 1.5 mm，否则应予以更换	
	预紧力检测	在弹簧弹力试验器上，将弹簧压缩到装配状态的规定长度，观察相应的弹力值即预紧力应符合原厂规定，否则应予以更换	

视频
发动机气门
组件拆卸

三、气门组的安装

气门组的安装步骤见表 3-2-2。

微课
气门组的分装

图 3-2-2　气门组的安装步骤

步骤	工作内容	图　示
1	组装气门拆装钳： （1）旋入两端螺纹支承杆。 （2）选择合适的气门弹簧支座，并将其安装在支承杆上。 （3）连接调节杆，完成气门拆装钳的组装	
2	安装气门： （1）安装前在气门杆上涂抹一层润滑油。 （2）将气门安放到对应的气门座孔中	
3	安装气门弹簧： （1）将气门弹簧安放到气缸盖上方对应的弹簧座孔中。 注意：锥形气门弹簧安装时应大端朝下。 （2）安放气门弹簧座。 （3）使用气门拆装钳压缩气门弹簧，直至气门杆尾端锁片槽全部露出	
4	安装气门锁片： （1）用镊子将锁片送入环槽内，安装时可粘少许黄油，使锁片粘在气门杆上。 注意：锁片安装时应大端朝下。 （2）缓慢松开气门拆装钳，并用手稳住上部支承端，防止锁片从槽内滑出。 （3）取下气门拆装钳	

续表

步骤	工作内容	图　示
5	安装检查： 使用橡胶锤轻敲气门杆顶部，检查气门锁片是否装好，若敲击几次后，锁片没有松动，即为装好	

【任务实施】

一、查询并记录技术参数

进气门杆直径标准值		排气门杆直径标准值	
气门边缘厚度标准值		气门最大弯曲度值	
进气门长度标准值		排气门长度标准值	
气门弹簧最大偏斜量		自由长度标准值	

二、按照维修手册标准流程拆装和检查气门组

1. 检测气门直径，对照标准值，进行气门维修判定。

检测项目		上端	中间	下端	结论
进气门	第一方向				□正常
	第二方向				□更换
排气门	第一方向				□正常
	第二方向				□更换

2. 检测气门长度、边缘厚度、弯曲度，对照标准值，进行气门维修判定。

检测项目	长度	边缘厚度	弯曲度	结论
进气门				□正常　□更换
排气门				□正常　□更换

3. 检测气门弹簧偏斜量、自由长度、预紧力，对照标准值，进行气门弹簧维修判定。

检测项目	偏斜量	自由长度	预紧力	结论
气门弹簧				□正常　□更换

4. 描述气门组的具体装配顺序与装配注意事项。

【任务评价】

序号	评分项目	评分标准	配分	得分
一	安全作业	1. 能进行设备和工具安全检查（6分） □1.1 检查作业所需的工具设备是否完备（2分） □1.2 检查作业环境是否配备灭火器（2分） □1.3 检查发动机台架锁止情况（2分） 2. 能遵守实训室规范作业管理要求（6分） □2.1 规范使用、管理相关工具量具（2分） □2.2 所用零部件摆放整齐（2分） □2.3 规范着装，并做好个人防护工作（2分） 3. 能进行三不落地操作（3分） □3.1 作业过程中做到油液不落地（1分） □3.2 作业过程中做到工具不落地（1分） □3.3 作业过程中做到零部件不落地（1分）	15分	
二	资料查询	□1. 能查询发动机型号、排量等信息，每缺1项扣1分（4分） □2. 能正确记录零部件参数标准值、拧紧力矩等维修信息，每缺1项扣1分（6分）	10分	
三	技能操作	1. 气门杆直径测量（15分） □1.1 正确选用测量工具（5分） □1.2 正确选取合适的检测位置进行多次测量（5分） □1.3 根据标准值，对气门杆磨损进行判定（5分） 2. 气门长度、边缘厚度、弯曲度测量（15分） □2.1 正确选用测量工具（5分） □2.2 正确选取测量位置（5分） □2.3 根据标准值，对气门磨损变形进行判定（5分） 3. 气门弹簧偏斜量、自由长度测量（15分） □3.1 正确选用测量工具（5分） □3.2 正确选取测量位置（5分） □3.3 根据标准值，对气门弹簧变形进行判定（5分） 4. 气门组件安装（15分） □4.1 正确使用气门拆装钳专用工具（5分） □4.2 装配流程合理、操作规范（5分） □4.3 气门组零部件无错装、漏装（5分）	60分	
四	维修判定	□ 能对检测结果进行正确的判定分析，每误判1项扣2分（10分）	10分	
五	工单填写	□1. 工单填写字迹工整（2分） □2. 工单填写语句通顺（3分）	5分	
合计			100分	

任务三 ▸▸▸ 气门传动组构造与检修

【任务引入】

发动机工作过程中，气门的开闭是由气门传动组完成的。由于气门传动组工作时，各组成零部件旋转、往复运动频繁，润滑条件相对较差，各零部件之间将会出现磨损。这将会影响配气正时、气门间隙、充气效率，从而影响发动机的动力性和经济性。因此，气门传动组检修是发动机维修工作中的一项重要内容。气门传动组检修主要包括凸轮轴、挺柱等零部件检测及正时传动带的更换。

【任务目标】

素质目标

1. 树立牢固的安全意识、规范意识、质量意识、责任意识；
2. 磨砺吃苦耐劳的意志品质，锤炼严谨细致的工作作风，弘扬爱岗敬业的职业精神。

知识目标

1. 熟悉气门传动组的功用与组成；
2. 掌握气门传动组各零部件的结构与作用；
3. 掌握气门传动组主要零部件的检测方法与技术要求。

能力目标

1. 能够按照汽车维修操作要求完成气门传动组主要零部件的检测；
2. 能够按照汽车维修操作要求规范、熟练地完成凸轮轴、正时传动带的安装。

知识拓展：气门传动组检修操作注意事项

（1）零部件轻拿轻放，摆放整齐，搬运过程中要防止跌落造成意外伤害。
（2）保持地面整洁干净，防止地面湿滑造成人员滑倒摔伤。

（3）发动机应该牢固固定在发动机翻转架上，并将翻转架的脚轮锁止牢靠。

（4）转动曲轴时，应缓慢均匀用力，防止滑倒摔伤。

（5）禁止拆卸过程中野蛮操作，以防发生安全事故。

【任务学习】

▶ **理论引导**

微课
气门传动组
的结构及组
成

一、气门传动组的功用与组成

功用：气门传动组按规定的配气相位定时控制进、排气门的开闭，并保证有足够的开度和适当的气门间隙，如图 3-3-1 所示。

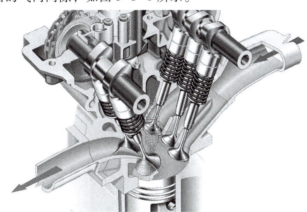

图 3-3-1 气门传动组的功用

视频
气门传动组
组成

组成：气门传动组由凸轮轴、挺柱、摇臂、正时齿轮、正时传动带等组成，如图 3-3-2 所示。

二、气门传动组的结构

1. 凸轮轴

功用：凸轮轴是气门传动组中最主要的零件，其功用是控制各缸气门的开启和关闭，使其符合发动机的工作顺序以及满足配气相位及气门开度的变化规律等要求，如图 3-3-3 所示。

视频
凸轮轴的功
用

结构：凸轮轴主要由凸轮和凸轮轴颈等组成，如图 3-3-4 所示。多缸发动机的凸轮轴，按气缸工作顺序，布置了一系列的凸轮。根据发动机的总体布置，在一根凸轮轴上，可以单独配置进气凸轮或排气凸轮，也可以同时配置进气凸轮和排气凸轮。

（1）凸轮是凸轮轴的主要工作部分，它的轮廓应保证气门开启和关闭的持续时

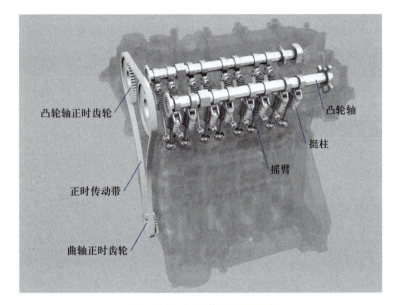

图 3-3-2　气门传动组的组成

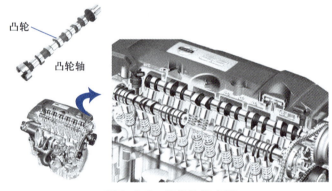

图 3-3-3　凸轮轴的功用

图 3-3-4　凸轮轴的结构

间符合配气相位的要求，使气门有合适的升程，并符合升降过程的运动规律。

（2）凸轮轴一般每隔一个气缸设置一个轴颈，轴颈上有特殊形状的油槽或油孔。为防止凸轮轴轴向窜动，采用止推轴承进行轴向定位。凸轮轴轴颈和凸轮工作表面应有较高的尺寸精度、较小的表面粗糙度和足够的刚度，是凸轮轴检修的重要部位。

（3）凸轮轴轴承多由上、下两片轴瓦接合而成，装入剖分式轴承座孔内，也有部分发动机将凸轮轴轴承制成衬套压入整体式轴承座孔内。

材料：凸轮轴承受周期性的冲击载荷，且凸轮与挺柱之间的接触应力很大，相对滑动速度也很高。凸轮轴通常由优质碳钢或合金钢锻造，近年来合金铸铁和球墨铸铁也被广泛应用于凸轮轴制造。

2. 挺柱

功用：挺柱的作用是将凸轮的推力传给推杆或气门杆，承受凸轮轴旋转时所施加的侧向力，并将侧向力传给机体组或气缸盖。

分类：挺柱可分为机械挺柱和液压挺柱两大类，机械挺柱又分为平面挺柱和滚轮式挺柱等结构形式。近年来，液压挺柱被广泛地应用。

1）机械挺柱

（1）平面挺柱：如图3-3-5（a）所示，结构简单、质量轻，中小型发动机中应用比较广泛。

（2）滚轮式挺柱：如图3-3-5（b）所示，其所受摩擦力和磨损小，但其结构比平面挺柱复杂，质量也比较大，多用于气缸直径较大的发动机中。

　动画
液压挺柱工作原理

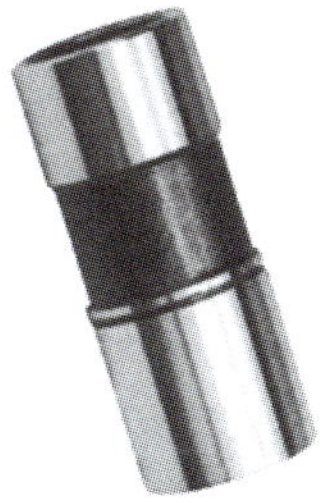

(a) 平面挺柱　　　　　(b) 滚轮式挺柱

图 3-3-5　机械挺柱

2）液压挺柱

现代轿车发动机广泛采用液压挺柱，借以实现零气门间隙。其特点是：

（1）取消了调整气门间隙的零件，使结构大为简化。

（2）不用调整气门间隙，极大地简化了装配与调整过程。

（3）消除了由气门间隙引起的冲击和噪声，减轻了气门传动组件之间的摩擦。

🔔 **知识提示**：为了防止热膨胀后气门关闭不严，大多数发动机留有气门间隙，造成发动机工作时配气机构产生撞击和噪声。

液压挺柱由推杆、球座、挺柱体、柱塞、单向阀、单向阀弹簧和柱塞回位弹簧、凸轮等组成，如图3-3-6所示。

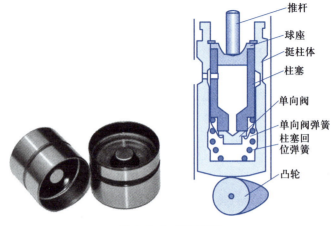

图 3-3-6　液压挺柱

3. 推杆

功用：采用下置式凸轮的配气机构，利用推杆将挺柱传来的力传给摇臂，推杆位于挺柱和摇臂之间。

材料：推杆通常采用冷拔无缝钢管制成，对于气缸体和气缸盖是铝合金制造的发动机，其推杆多采用硬铝或锻铝制造。

结构：推杆可以是实心的，也可以是空心的，如图 3-3-7 所示。为防止发生运动干涉，推杆下端做成球形与挺柱的凹球面配合。推杆上端做成凹球形，与摇臂调整螺钉球形头部配合。

视频
摇臂结构

4. 摇臂

功用：将推杆或凸轮传来的运动和作用力，改变方向后传给气门，使其开启。

材料：摇臂在摆动过程中承受很大的弯矩，因此应有足够的强度和刚度，以及较轻的质量。摇臂由锻钢、锻铸铁、球墨铸铁或铝合金制造。

结构：摇臂由摇臂支架、衬套、滚轮、滚针、滚轮轴组成，摇臂的支点为摇臂支座，如图 3-3-8 所示。

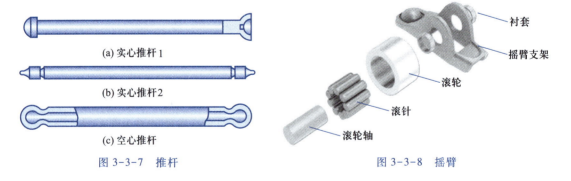

(a) 实心推杆 1

(b) 实心推杆 2

(c) 空心推杆

图 3-3-7　推杆　　　　　　　　图 3-3-8　摇臂

▶　**实践指导**

一、准备工作

（1）设备：进气凸轮轴、排气凸轮轴、挺柱、正时传动带、发动机台架等。

（2）工具量具：内径表、外径千分尺、百分表、磁力表座、检测平板、套筒扳手、扭力扳手、活动扳手、台虎钳及相关专用工具等。

（3）发动机维修手册。

（4）其他耗材。

二、气门传动组主要零部件的检修

气门传动组主要零部件检修工作过程见表3-3-1。

图3-3-1　气门传动组主要零部件检修工作过程

零部件	检修项目	检修方法	图　示
凸轮轴	弯曲度检测	将V形块和百分表座放置在平板上，凸轮轴两端轴颈架在V形块上，使百分表的触头与凸轮轴中间轴颈垂直接触。转动凸轮轴，观察百分表的摆差，若摆差大于0.05 mm，应对凸轮轴进行校正修复或更换	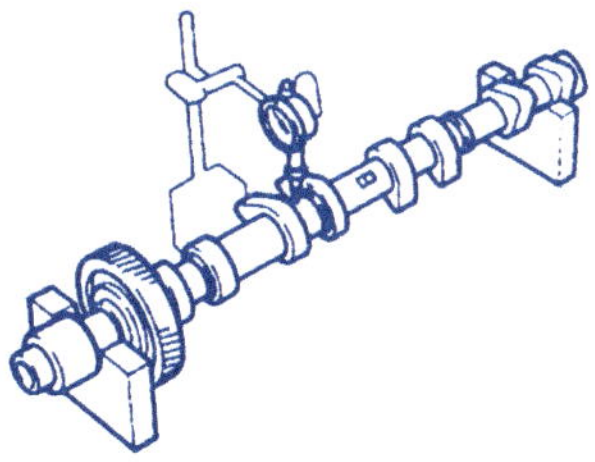
	轴颈检测	用千分尺测量凸轮轴颈的直径，计算圆度误差和圆柱度误差，若凸轮轴轴颈的圆度误差、圆柱度误差超过允许值，应对凸轮轴进行修整或更换	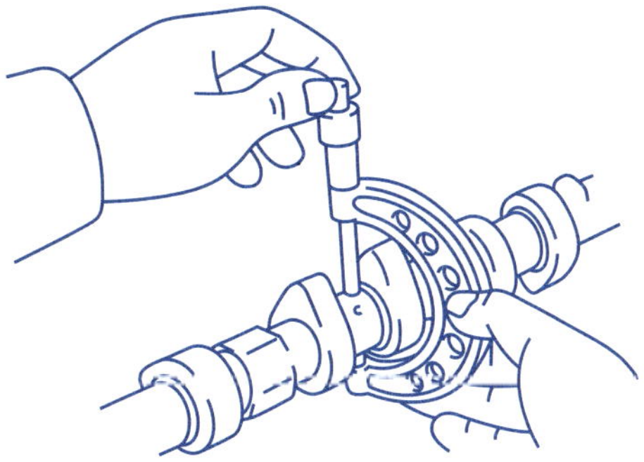
	凸轮检测	先用千分尺测量凸轮的高度值，再用此值减去测量的凸轮基圆直径值，当凸轮最大升程磨损值大于0.40 mm时，应更换凸轮轴	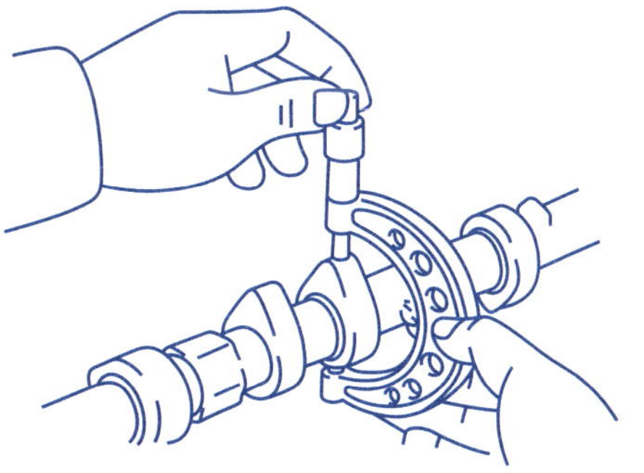

零部件	检修项目	检修方法	图　示
	轴向间隙检测	凸轮轴安装后，架设磁力表座，使百分表的触头与凸轮轴端面接触，前后撬动凸轮轴测量止推间隙，如果止推间隙超过 0.15 mm,应更换凸轮轴	
液压挺柱	配合间隙检测	使用内径表，测量气缸盖挺杆孔直径；使用外径千分尺，测量挺杆直径；用挺杆孔直径减去挺杆直径；如果配合间隙超过 0.10 mm, 应更换液压挺柱	

续表

零部件	检修项目	检修方法	图　　示
正时 传动带	张紧度 检查	用拇指和食指捏住两传动带轮之间传动带的中间部位，用力翻转，若刚好能翻转90°，即为张紧度合适；否则应松开张紧轮紧固螺母，用张紧轮压紧同步带，保持适当张紧力后紧固张紧轮固定螺母，然后复查，直至张紧度合适	

三、凸轮轴的安装

微课
凸轮轴的安装

凸轮轴的安装步骤见表3-3-2。

表3-3-2　凸轮轴的安装步骤

步骤	工作内容	图　　示
一	排气凸轮轴装配	—
1	在排气凸轮轴的止推位置涂MP黄油；放置2号凸轮轴，使定位销定位在凸轮轴的垂直中心线偏右的位置	定位销
2	清除旧密封材料，将新密封材料涂在气缸盖上	密封材料

步骤	工作内容	图示
3	将 5 个轴承盖安装在各自位置上。 注意：轴承盖上的朝前标记指向发动机前端，并保证轴承盖上的数字序号与轴颈位置对应	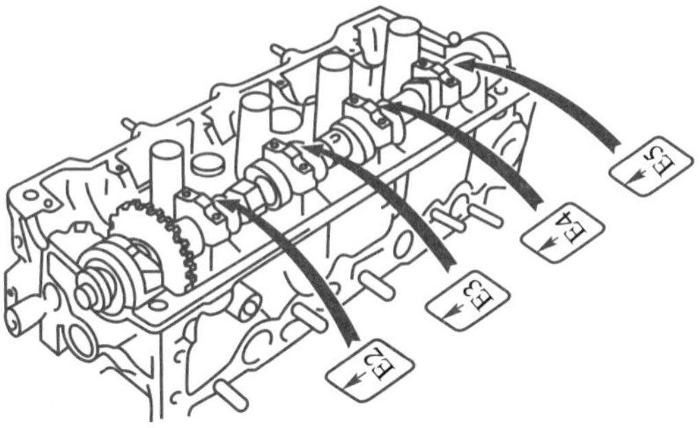
4	在轴承盖螺栓的螺纹和螺栓头部下方涂一层润滑油。 按从中间向两端的顺序分次均匀拧紧 10 个轴承盖螺栓，拧紧力矩为 13 N·m	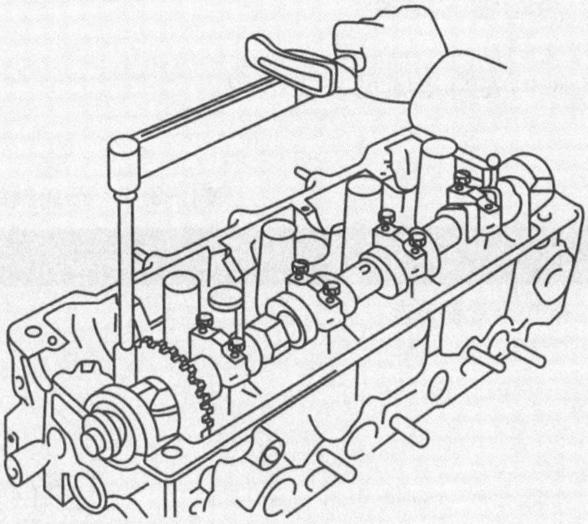
二	排气凸轮轴定位油封装配	—
一	在新油封唇部涂 MP 黄油。使用专用工具敲入油封。 注意：不要将油封装错方向；把油封插到气缸盖的最深处	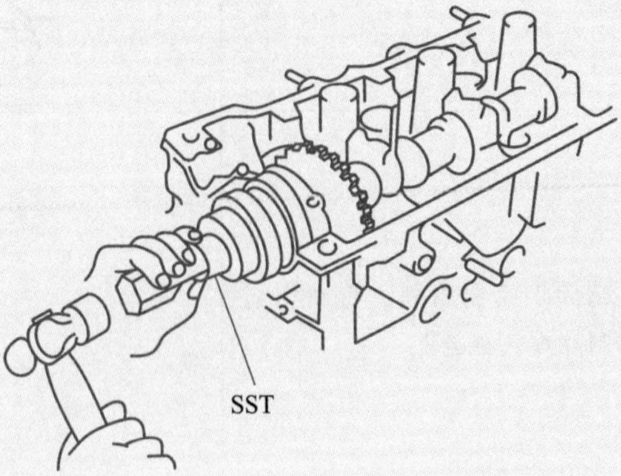 SST

续表

步骤	工作内容	图 示
三	凸轮轴副齿轮装配	—
1	用台钳夹持凸轮轴的六角部分。 注意：不要损坏凸轮轴。 安装凸轮轴副齿轮弹簧、副齿轮和波形垫圈。 注意：对准齿轮上的定位销和副齿轮弹簧端部	副齿轮 副齿轮弹簧 波形垫圈
2	使用卡簧钳安装卡环。 使用专用工具，逆时针转动凸轮轴副齿轮，对准凸轮轴主、副齿轮孔，安装螺栓	
四	进气凸轮轴装配	—
1	定位排气凸轮轴，以使定位销位于气缸盖顶部稍偏上的位置	定位销

续表

步骤	工作内容	图　示
2	在进气凸轮轴的止推位置涂 MP 黄油。 匹配每个齿轮的安装标记，让进气凸轮轴齿轮啮合入排气凸轮轴齿轮	 A71452
3	沿着两个齿轮的啮合位置向下滚动进气凸轮轴，使进气凸轮轴各轴颈有效落入到对应的轴承座孔中	
4	将 4 个轴承盖安装在各自的位置上	
5	在轴承盖螺栓的螺纹和螺栓头部下方涂一层润滑油。 按从中间向两端的顺序分次均匀拧紧 8 个轴承盖螺栓，拧紧力矩为 13 N·m	

续表

步骤	工作内容	图示
6	安装 1 号轴承盖，使标记箭头朝前。 注意：如果 1 号轴承盖配合不合适，用一字旋具向后撬动凸轮轴齿轮。 在轴承盖螺栓的螺纹和螺栓头部下方涂一层润滑油。 交替拧紧 2 个轴承螺栓，拧紧力矩为 13 N·m	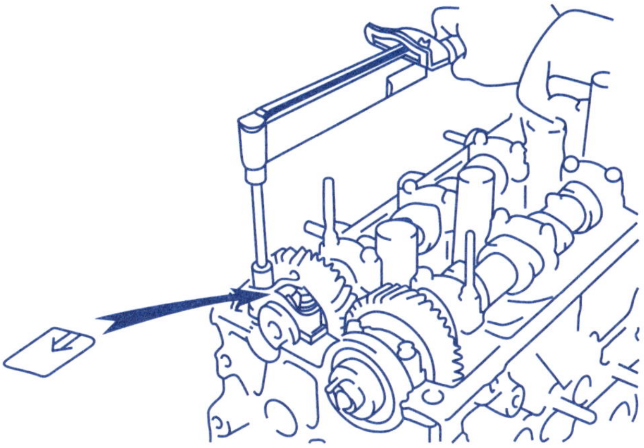
7	顺时针转动排气凸轮轴，使定位销朝上	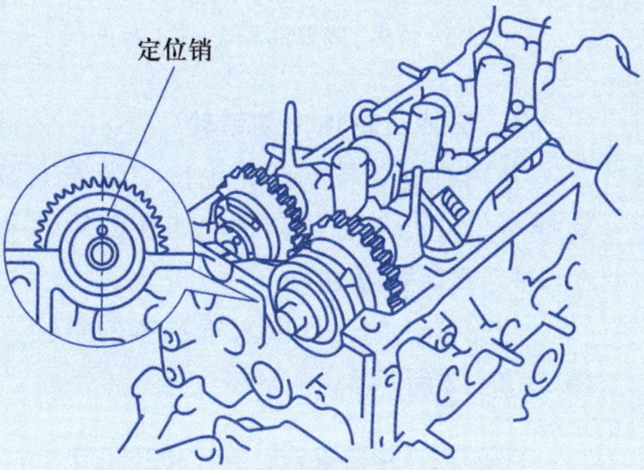 定位销
8	检查凸轮轴齿轮正时标记是否对准。注意：安装标记垂直 90°朝上	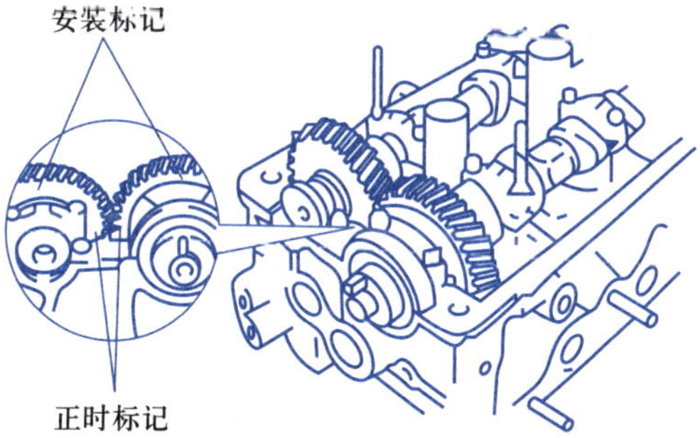 安装标记 正时标记

微课
正时传动带
的安装与调整

视频
发动机气门
间隙的调整

四、正时传动带的安装

1. 调整曲轴至一缸上止点

将专用工具 T10340 以 30 N·m 的扭矩拧到气缸体上，并拧到底；再将曲轴沿顺时针方向转到限位位置，便为曲轴一缸上止点，如图 3-3-9 所示。

2. 调整凸轮轴至一缸上止点

旋转凸轮轴，使后端不对称的卡槽位于过圆心的水平中心线上方；装入凸轮轴锁，若能很容易装入安装位置，便为凸轮轴一缸上止点位置，如图 3-3-10 所示。

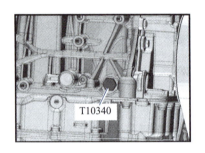

图 3-3-9　调整曲轴至一缸上止点

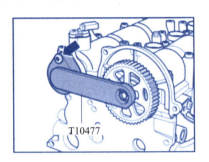

图 3-3-10　调整凸轮轴至一缸上止点

3. 安装凸轮轴传动带轮

分别将进、排气凸轮轴传动带轮安装到对应的凸轮轴上，拧上固定螺栓，但不要拧紧，使凸轮轴传动带轮能在凸轮轴上转动，但不能晃动，如图 3-3-11 所示。

4. 安装张紧轮

使张紧轮的凸耳嵌入气缸体的铸造孔内，张紧轮的固定螺栓徒手旋紧即可，如图 3-3-12 所示。

图 3-3-11　安装凸轮轴传动带轮

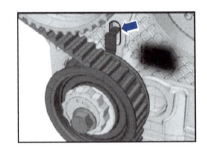

图 3-3-12　安装张紧轮

5. 安装齿形传动带

依次按照曲轴齿形传动带轮—张紧轮—排气凸轮轴传动带轮—进气凸轮轴传动带轮—导向轮的顺序完成齿形传动带安装，如图 3-3-13 所示。

6. 调整张紧轮

用专用工具 T10499 将张紧轮的偏心轮顺时针转动，直到指示针位于缺口右侧 10 mm 处，绷紧正时传动带；再回转偏心轮直到指示针正好位于缺口中间；将偏心轮保持在该位置上同时拧紧紧固螺栓，如图 3-3-14 所示。

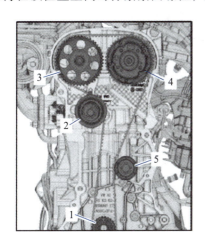
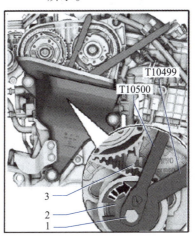

图 3-3-13 安装齿形传动带   图 3-3-14 调整张紧轮

7. 拧紧凸轮轴传动带轮

分别将进、排气凸轮轴传动带轮的紧固螺栓拧紧至规定力矩 50 N·m，如图 3-3-15 所示。

8. 检查配气正时

曲轴沿发动机转动方向转 3 圈再转过 270°，将曲轴上止点定位专用工具 T10340 拧入，再将曲轴沿顺时针方向转到限位位置；检查凸轮轴锁能否很容易地安装到凸轮轴上止点卡槽内，若能轻易地安装到位，则配气正时调整正确。

9. 安装正时传动带罩盖

首先安装中间罩盖，再安装曲轴前罩盖与凸轮轴罩盖，如图 3-3-16 所示。

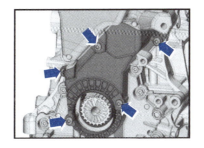

图 3-3-15 拧紧凸轮轴传动带轮   图 3-3-16 安装正时传动带罩盖

【任务实施】

一、查询并记录技术参数

进气凸轮升程标准值		进气凸轮升程最小值	
排气凸轮升程标准值		排气凸轮升程最小值	
进气凸轮轴颈标准值		排气凸轮轴颈标准值	
凸轮轴弯曲度标准值		凸轮轴轴向间隙标准值	
凸轮轴轴承盖拧紧力矩		—	

二、按照维修手册标准流程拆装和检查气门传动组

1. 检测凸轮轴颈直径，对照标准值，进行凸轮轴维修判定。

检查项目	第1道凸轮轴径直径	第2道凸轮轴径直径	第3道凸轮轴径直径	第4道凸轮轴径直径	第5道凸轮轴径直径	结论
进气凸轮轴						□正常□更换
进气凸轮轴						□正常□更换

2. 检测凸轮升程，对照标准值，进行凸轮轴维修判定。

检查项目	1缸凸轮升程	2缸凸轮升程	3缸凸轮升程	4缸凸轮升程	结论
进气凸轮					□正常□更换
进气凸轮					□正常□更换

3. 检测凸轮轴弯曲度、轴向间隙，对照标准值，进行凸轮轴维修判定。

检查项目	弯曲度	维修结论	轴向间隙	维修结论
进气凸轮轴				
排气凸轮轴				

4. 描述凸轮轴具体装配顺序与装配注意事项。

5. 描述正时传动带具体装配顺序与装配注意事项。

【任务评价】

序号	评分项目	评分标准	配分	得分
一	安全作业	1. 能进行设备和工具安全检查（6分） □1.1 检查作业所需的工具设备是否完备（2分） □1.2 检查作业环境是否配备灭火器（2分） □1.3 检查发动机台架锁止情况（2分） 2. 能遵守实训室规范作业管理要求（6分） □2.1 规范使用、管理相关工具量具（2分） □2.2 所用零部件摆放整齐（2分） □2.3 规范着装，并做好个人防护工作（2分） 3. 能进行三不落地操作（3分） □3.1 作业过程中做到油液不落地（1分） □3.2 作业过程中做到工具不落地（1分） □3.3 作业过程中做到零部件不落地（1分）	15分	
二	资料查询	□1. 能查询发动机型号、排量等信息，每缺1项扣1分（4分） □2. 能正确记录零部件参数标准值、拧紧力矩等维修信息，每缺1项扣1分（6分）	10分	
三	技能操作	1. 凸轮轴颈直径检测（15分） □1.1 正确选用测量工具（5分） □1.2 正确选取检测位置（5分） □1.3 根据标准值，对轴颈磨损量进行判定（5分） 2. 凸轮升程检测（15分） □2.1 正确选用测量工具（5分） □2.2 正确选取检测位置（5分） □2.3 根据标准值，对凸轮进行维修判定（5分） 3. 凸轮轴弯曲度、轴向间隙检测（15分） □3.1 正确选用测量工具（5分） □3.2 正确选取检测位置（5分） □3.3 根据标准值，对凸轮轴进行维修判定（5分） 4. 凸轮轴的安装（15分） □4.1 装配任务完整，无零部件漏装、错装（5分） □4.2 按照正确流程，安装连接各零部件（5分） □4.3 按照技术手册要求，拧紧凸轮轴各连接螺栓（5分）	60分	
四	维修判定	□ 能对检测结果进行正确的判定分析，每误判1项扣2分（10分）	10分	
五	工单填写	□1. 工单填写字迹工整（2分） □2. 工单填写语句通顺（3分）	5分	
合计			100分	

项目四 ▶▶▶

电控燃油喷射系统构造与检修

项目描述

　　电控燃油喷射系统可使发动机的功率提高 5%~10%，燃油消耗率降低 5%~15%，有害气体排放量减少 20%。此外，可以使汽车的加速性能提高，冷起动更容易，暖机更迅速，并具有故障自诊断和保护功能。现代汽油发动机普遍使用电控燃油喷射系统，简称电喷系统。电控燃油喷射系统的任务是根据发动机各种不同工作状况要求，配制出一定数量和浓度的可燃混合气，供入气缸，使之在临近压缩行程终了时点火燃烧而膨胀做功，最后将气缸内废气排至大气中。电控燃油喷射系统工作状况的好坏，直接影响着汽车的动力性、经济性和环保性。

　　本项目主要介绍电控燃油喷射系统的结构组成、工作原理、零部件与系统检修等知识及技能。通过本项目的学习，应掌握电控燃油喷射系统的检修要点、操作流程及规范要求，为后期维修操作夯实技能基础。

任务一 ▶▶▶

电控燃油喷射系统检修基础

电控燃油喷射系统是组成汽车发动机的核心部分，它的技术状态对发动机的性能有着直接影响。电控燃油喷射系统种类繁多，结构复杂，不仅牵涉机械原理的运用，更牵涉电子控制技术的运用，是机电一体化的结合。检修电控燃油喷射系统，需要了解电控燃油喷射系统由哪些部分组成？其工作过程又是如何完成的？

【任务目标】

素质目标

1. 树立牢固的安全意识、规范意识、质量意识、责任意识；

2. 磨砺吃苦耐劳的意志品质，锤炼严谨细致的工作作风，弘扬爱岗敬业的职业精神。

知识目标

1. 熟悉电控燃油喷射系统的分类；

2. 掌握电控燃油喷射系统的功用与组成；

3. 了解电控燃油喷射系统的工作过程。

能力目标

1. 能够正确描述电控燃油喷射系统的功用、组成、类型及其工作原理；

2. 能够指出电控燃油喷射系统在发动机上所处的位置，能识别电控燃油喷射系统主要部件的外形结构。

知识拓展：使用燃油的安全规则（图 4-1-1）

（1）维修车间和场地必须充分通风。

（2）修理燃油箱前，应用专用溶液或水清除燃油箱内的残余油气；但在清洗时不得吸烟，不得在旁边烘烤零件或点燃喷灯。

（3）应尽量避免用嘴吹、吸燃油管和燃油系统孔道。

（4）存放燃油的地方和油桶应标明"易燃"字样。

（5）废油应倒入指定废油桶收集，不得随地倾倒或倒入排水沟内，防止废油污染。

图 4-1-1   使用燃油的安全规则

动画
电控燃油喷射系统工作原理

微课
电控燃油喷射系统分类

视频
燃油喷射系统类型—按喷射位置的不同分类

视频
缸内直喷组成与运行

【任务学习】

▶ 理论引导

一、电控燃油喷射系统功用

汽油发动机燃油供给系统有化油器式和电控喷射式两大类。由于化油器式燃油供给装置不能精确控制混合气的浓度，造成燃烧不完全，废气中有害成分增加，无法适应汽油发动机性能进一步提高的要求，因此，化油器式已逐渐被电控喷射式取代。电控燃油喷射系统如图 4-1-2 所示。电控燃油喷射系统的功用如下。

（1）储存、输送、清洁燃料。

（2）根据发动机不同工况的要求，配制一定数量和浓度的可燃混合气进入气缸。

（3）在混合气燃烧做功后，将燃烧产生的废气排至大气中。

二、电控燃油喷射系统分类

1）按喷油器喷射位置分类

按喷油器喷射位置不同，电控燃油喷射系统可分为缸内喷射系统和缸外喷射系统两种。

（1）缸内喷射系统：将喷油器安装在气缸盖上，直接把燃油喷入气缸内与空气

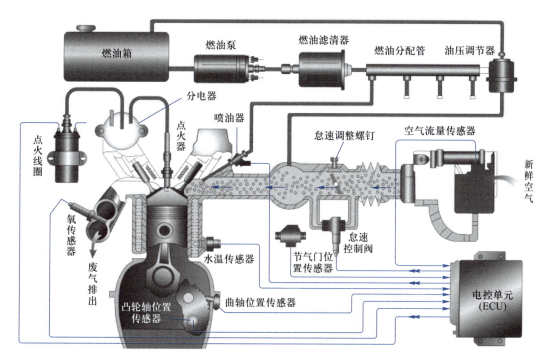

图 4-1-2　电控燃油喷射系统

混合，形成可燃混合气，如图 4-1-3 所示。这种喷射系统能实现高效燃烧，降低燃油消耗，改善发动机的动力性与排放性，近年来得到了广泛应用。但是该系统需要较高的喷射压力，约 3~5 MPa，对供油装置要求比较高，制造成本也相应较高。

（2）缸外喷射系统：将喷油器安装在进气管或进气歧管上，以 0.20~0.35 MPa 的喷射压力将燃油喷入进气管或进气道内，与空气混合形成可燃混合气，可燃混合气在进气行程时被吸入气缸，如图 4-1-4 所示。该系统结构简单、技术要求不高，目前应用较普遍。缸外喷射系统又分为单点喷射系统与多点喷射系统。

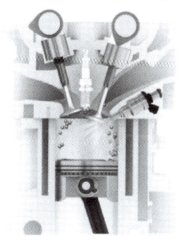

图 4-1-3　缸内喷射系统

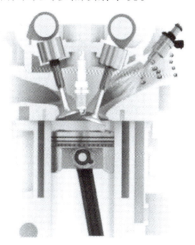

图 4-1-4　缸外喷射系统

① 单点喷射（SPI）系统：把喷油器安装在进气管（节气门体）上，通常用 1 个（或 2 个）喷油器将燃油喷入进气管，形成混合气进入进气歧管，再分配到各个气缸中，如图 4-1-5（a）所示。

② 多点喷射（MPI）系统：在每缸进气口处装有一只喷油器，实行各缸分别供油，如图 4-1-5（b）所示。多点喷射系统因其控制精度高而被广泛应用。

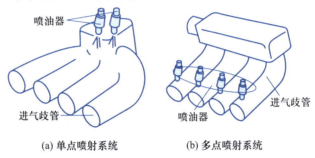

(a) 单点喷射系统　　　　　(b) 多点喷射系统

图 4-1-5　缸外喷射系统分类

视频
燃油喷射系统类型—按喷射的连续性分类

2）按喷射的连续性分类

按喷射的连续性，电控燃油喷射系统可分为连续喷射式系统和间歇喷射式系统两种。

（1）连续喷射式系统：指在发动机工作期间，喷油器连续不断地向进气道内喷油，且大部分燃油是在进气门关闭时喷射的系统。这种喷射方式系统大多用于机械控制式或机电混合控制式燃油喷射系统。

（2）间歇喷射式系统：指在发动机工作期间，燃油被间歇地喷入进气道内。由于间歇喷射式系统的控制精度较高，因此被广泛应用于电控燃油喷射系统中。间歇喷射式又分为同时喷射、分组喷射和顺序喷射三种形式。

① 同时喷射：所有喷油器同时喷油、同时断油，如图 4-1-6 所示。所有的喷油器并联连接，控制单元同时接通和切断各缸喷油器电路。早期生产的间歇喷射式系统多是同时喷射式系统。

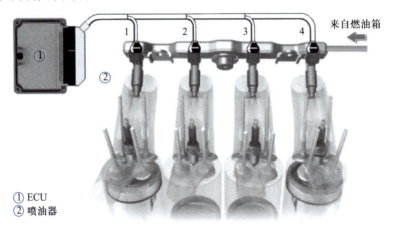

① ECU
② 喷油器

图 4-1-6　同时喷射

② 分组喷射：将喷油器分成几组，同组喷油器同时喷油及断油，如图 4-1-7 所示。分组喷射方式与同时喷射方式相比，在各缸混合气质量和浓度的控制精度上有较大的提高。

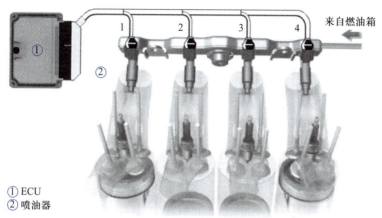

① ECU
② 喷油器

图 4-1-7　分组喷射

③ 顺序喷射：各缸喷油器按发动机工作顺序，依次把燃油喷入进气歧管，如图 4-1-8 所示。顺序喷射可使每个气缸都有一个较佳的喷油时刻和进气效率，现代大多数电控燃油喷射系统都采用此控制方式。

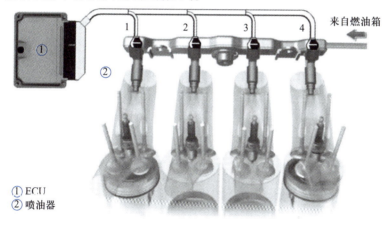

① ECU
② 喷油器

图 4-1-8　顺序喷射

3）按进气系统空气量的检测方式分类

按进气系统空气量的检测方式，电控燃油喷射系统可分为直接测量方式（L 型）系统和间接测量方式（D 型）系统两种。

（1）L 型电控燃油喷射系统：用空气流量传感器检测进气歧管的空气流量，并将空气流量转换成电信号，输送给 ECU（电控单元），电控单元根据空气量计算出每一循环的汽油喷射量，如图 4-1-9 所示。目前，该种检测方式广泛应用。

（2）D 型电控燃油喷射系统：根据进气歧管压力和发动机转速推算出进入气缸的空气量，并计算出喷油量，如图 4-1-10 所示。

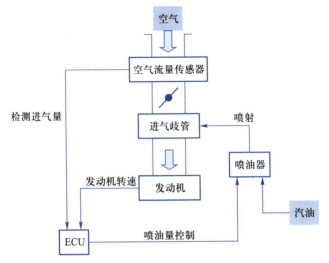

图 4-1-9　L 型电控燃油喷射系统

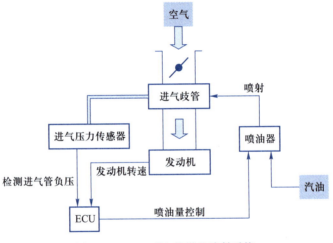

图 4-1-10　D 型电控燃油喷射系统

4）按电控系统的控制模式分类

按电控系统的控制模式，电控燃油喷射系统可分为开环控制系统和闭环控制系统两种。

开环控制系统：对空燃比不进行反馈控制。

闭环控制系统：对空燃比进行反馈控制。电控系统控制模式如图 4-1-11 所示。

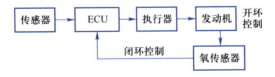

图 4-1-11　电控系统控制模式

微课
电控燃油喷射系统的作用与组成

微课
电子控制系统的组成与工作过程

三、电控燃油喷射系统组成

电控燃油喷射系统尽管其类型不少。但它们都具有相同的控制原则。相同的控制原则决定了各类电控燃油喷射系统具有相同的组成和类似的结构。电控燃油喷射系统大致可分为空气供给系统、燃油供给系统和电子控制系统三个部分，如图 4-1-12 所示。

（1）空气供给系统：用来测量和控制燃油燃烧时所需要的空气量，以控制发动机输出的功率。

（2）燃油供给系统：运用电动燃油泵，向喷油器提供足够压力的燃油，喷油器根据来自 ECU 的控制信号，向进气歧管内进气门上方喷射定量的燃油。

（3）电子控制系统：根据发动机运转状况和车辆运行状况确定燃油的最佳喷射量。该系统由传感器、ECU 和执行器三部分组成。

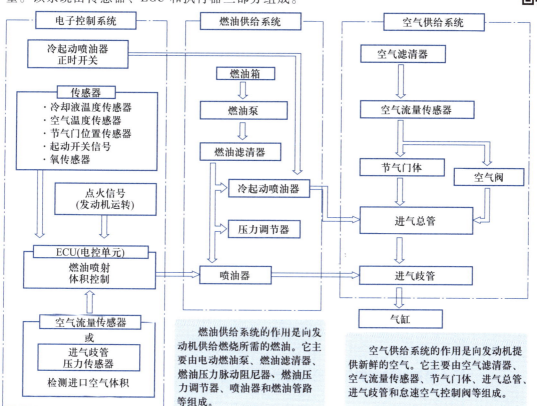

图 4-1-12 电控燃油喷射系统组成框图

视频
如何有效控制燃油消耗量

四、电控燃油喷射系统工作原理

1. 电控燃油喷射系统工作过程

传感器将发动机各种非电量的工况参数（如转速、负荷、发动机冷却液及进气温度、空气流量、曲轴转角、节气门开度等）转变为电信号，并把这些信号以信息形式送入电控单元，再经电控单元转化为长短不一的电脉冲信号传到喷油器，控制喷油器打开时刻及打开延续时间，使之准确地工作，使发动机在各种工况下获得最佳的可燃混合气成分。

2. 发动机不同工况对可燃混合气要求

可燃混合气的浓度常用空燃比（A/F）和过量空气系数（α）来表示。空燃比为混合气中所含空气质量（kg）与燃料质量（kg）的比值；过量空气系数则指燃烧1 kg 燃料实际供给的空气质量与理论上完全燃烧 1 kg 燃料所需的空气质量之比。发动机不同工况对混合气浓度的要求，见表 4-1-1。

表 4-1-1　发动机不同工况对混合气浓度的要求

工况	混合气性质	工作环境	对 α 的要求
起动工况	极浓	起动时，发动机转速低，不利于燃油雾化；冷起动时，发动机温度也低，燃油蒸发困难，进入气缸的燃油量少	0.4~0.6
暖机工况	极浓→过浓	发动机温度逐渐升高，雾化条件稍有改善	0.4~0.6→0.6~0.8
怠速工况	过浓	节气门开度小，进入气缸内的混合气很少，气缸内废气残余较严重；发动机转速低，燃油雾化、蒸发条件很差	0.6~0.8
小负荷工况	稍浓	发动机负荷在 25% 以下，节气门略开，混合气的数量和品质比怠速工况时有所提高	0.7~0.9
中等负荷工况	经济	发动机负荷在 25%~85%，节气门开度较大，气缸的混合气数量增多，燃烧条件较好	1.05~1.15
大、全负荷工况	浓	发动机负荷在 85% 以上，需要克服较大的阻力，要求发动机输出尽可能大的功率	0.85~0.95
加速工况	过浓	节气门开度突然加大，发动机转速迅速提高，空气流量比喷油量增加快得多，致使混合气瞬间过稀，易导致熄火	0.7~0.9

五、电控燃油喷射系统控制功能

1. 喷油量控制

ECU 根据发动机转速传感器和进气量传感器信号，确定基本供油量，再根据其他相关输入信号（如：冷却液温度、进气温度、氧传感器信号、爆燃传感器信号等）加以修正，最后确定实际喷油量，如图 4-1-13 所示。

2. 喷油正时控制

在间歇式电控喷射系统中，当采用顺序喷射时，主计算机不仅要控制喷油量，还要根据发动机各缸的点火顺序，将喷射时间控制在最佳时刻。

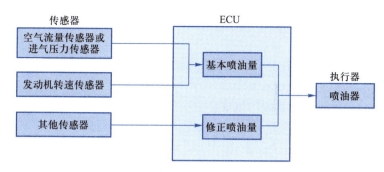

图 4-1-13　喷油量控制

3. 断油控制

（1）减速断油控制。在汽车行驶中，节气门开度迅速减小，ECU 将切断控制电路，停止喷油，用以降低减速时 CH 和 CO 的排放量。当发动机转速降至某一特定转速时，又恢复供油。

（2）限速断油。当发动机转速超过安全转速或车速超过设计最高车速时，ECU 将会切断控制电路，停止喷油，以防止超速。

（3）清除溢油控制。当发动机多次起动未能成功时，淤积在气缸内的浓混合气就会浸湿火花塞，使其不能跳火。清除溢油控制就是起动时，将加速踏板踩到底，电控单元中断喷油器喷油，以便排出气缸内的燃油蒸汽。

（4）减矩断油控制。装有电控自动变速器的汽车在行驶中自动升挡时，ECU 发出减矩信号，暂时中断个别缸的喷油，以降低发动机转速，从而减轻换挡冲击。

【任务实施】

1. 填写下方各序号对应零部件名称。

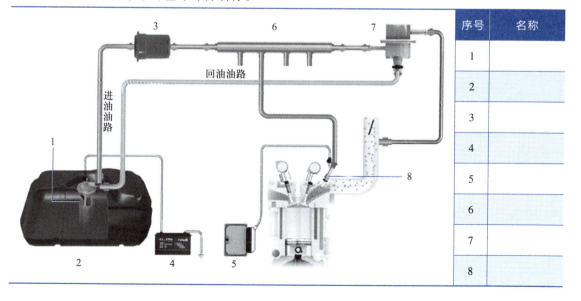

序号	名称
1	
2	
3	
4	
5	
6	
7	
8	

2. 描述电控燃油喷射系统的功用。

3. 描述电控燃油喷射系统的组成。

4. 描述电控燃油喷射系统的工作过程。

【任务评价】

序号	评分项目	评分标准	配分	得分
一	安全作业	1. 能进行设备和工具安全检查（6分） □1.1 检查作业所需的工具设备是否完备（2分） □1.2 检查作业环境是否配备灭火器（2分） □1.3 检查发动机台架锁止情况（2分） 2. 能遵守实训室规范作业管理要求（6分） □2.1 规范使用、管理相关工具量具（2分） □2.2 所用零部件摆放整齐（2分） □2.3 规范着装，并做好个人防护工作（2分） 3. 能进行三不落地操作（3分） □3.1 作业过程中做到油液不落地（1分） □3.2 作业过程中做到工具不落地（1分） □3.3 作业过程中做到零部件不落地（1分）	15分	
二	知识解析	□1. 能够正确描述电控燃油喷射系统功用（10分） □2. 能够正确描述电控燃油喷射系统组成（10分） □3. 能够正确描述电控燃油喷射系统工作过程（10分）	30分	
三	实践认知	□1. 能够在实车上找出电控燃油喷射系统所处位置（5分） □2. 能够找出空气供给系统，指出相关零部件安装位置（5分） □3. 能够找出燃油供给系统，指出相关零部件安装位置（10分） □4. 能够找出电子控制系统，指出相关零部件安装位置（5分） □5. 能够准确识别电控燃油喷射系统各零部件（20分）	45分	
四	工单填写	□1. 工单填写字迹工整（4分） □2. 工单填写语句通顺（6分）	10分	
合计			100分	

任务二 ▶▶▶

燃油供给系统构造与检修

【任务引入】

燃油供给系统在发动机的工作过程中，对发动机的正常工作影响较大。在实际的使用过程中，燃油供给系统的故障会导致车辆出现不能起动、怠速不稳、加速不良等问题。因此，燃油供给系统检修是发动机检修工作中的一项重要内容。检修燃油供给系统，需要了解燃油供给系统的工作过程是怎样的？燃油供给系统的检修主要涉及哪些工作内容？

【任务目标】

素质目标

1. 树立牢固的安全意识、规范意识、质量意识、责任意识；

2. 磨砺吃苦耐劳的意志品质，锤炼严谨细致的工作作风，弘扬爱岗敬业的职业精神。

知识目标

1. 熟悉燃油供给系统作用；

2. 掌握燃油供给系统组成及主要部件结构；

3. 理解燃油供给系统工作过程。

能力目标

1. 能够正确描述燃油供给系统各主要部件的作用；

2. 能够按照汽车维修操作要求完成燃油供给系统主要部件的拆装与检修。

知识拓展：燃油供给系统检修操作注意事项

（1）确保车辆处于停车状态，拉好驻车制动，并在驱动轮前后放置车轮挡块。

（2）正确连接尾气排放装置，保证实训场地通风良好。

（3）在车间里调试发动机时，应打开门窗，使空气流通，并尽可能将排气管排放的废气排到室外。

（4）起动发动机前，检查挡位是否在P挡或空挡，观察车辆前方及后方是否有人，并报告给协作者及车辆附近的人员要起动发动机。

（5）拆卸蓄电池电缆时，应先拆负极电缆，再拆正极电缆；安装时先安装正极电缆后安装负极电缆。

（6）燃油供给系统压力卸去之前，禁止拆卸燃油管路；拆卸燃油管路或燃油蒸汽管路时，检修人员应佩戴口罩鼻子远离这些管路，防止吸入燃油蒸汽。

【任务学习】

> ### 理论引导

一、燃油供给系统的作用及类型

（1）作用：储存并过滤燃油，并根据发动机各工况的要求，提供清洁、压力与进气管气压相匹配、数量经精确计量的燃油。

（2）类型：分为回油式、机械无回油式和电子无回油式三种。大多数车辆的发动机采用无回燃油供给油系统来减少燃油蒸发排放；机械无回油式燃油供给系统，将燃油滤清器、燃油压力调节器与燃油泵一体装入燃油箱；电子无回油式燃油供给系统，在油轨上安装燃油压力传感器，向控制单元传送燃油压力信息，控制调整燃油泵的转速，从而调节燃油系统的压力。

二、燃油供给系统的组成

微课

燃油供给系统的组成与工作过程

燃油供给系统主要由燃油箱、电动燃油泵、燃油滤清器、燃油压力调节器、燃油分配管、喷油器等组成，如图4-2-1所示。

1. 燃油箱

作用：储存燃油，其容量一般能使车辆行驶300~600 km；燃油箱内部装有燃油液位传感器，可检测燃油液面高度，当液面高度过低时，给予驾驶人警示信息。

结构：燃油箱结构因车型而异，货车燃油箱通常将防腐薄钢板冲压并焊接制成简单的方形或圆柱体。轿车燃油箱一般用耐油硬塑料制成，其外形结构适应车身造型的需要，往往做成比较复杂的形状，如图4-2-2所示。燃油箱内一般装有油量传感器、出油管、回油管、燃油蒸汽管和电动燃油泵。

2. 电动燃油泵

作用：为燃油供给系统提供足够压力的燃油；防止燃油压力过高；保持燃油系统的残余压力；过滤燃油中较大颗粒的杂质。

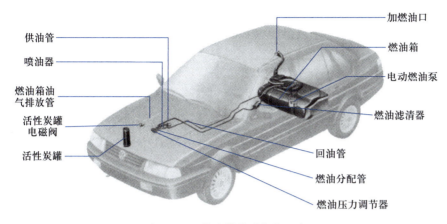

图 4-2-1 燃油供给系统的组成

图 4-2-2 燃油箱结构

类型：根据安装位置不同，分为内置式和外置式两种。目前大多数电控燃油喷射系统均采用燃油箱内置型电动燃油泵。根据电动燃油泵结构的不同，分为滚柱式和涡轮式两种，如图 4-2-3 所示。

动画
涡轮式电动
燃油泵工作
原理

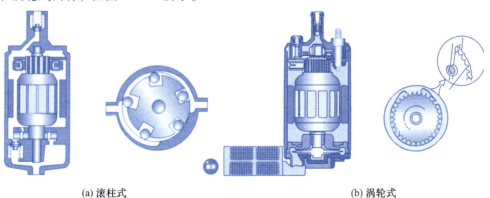

(a) 滚柱式　　　　　　　　　　　(b) 涡轮式

图 4-2-3 电动燃油泵分类

结构：无论哪种形式的电动燃油泵，其结构基本上是相同的，都是由燃油泵电动机、油泵、安全阀和壳体等组成，如图 4-2-4 所示。

3. 燃油滤清器

作用：过滤燃油中的杂质，防止电动喷油器堵塞，减少电动喷油器等零件的磨损。

动画
燃油滤清器
工作原理

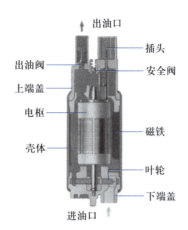

图 4-2-4　电动燃油泵结构

结构：由壳体和滤芯等组成，壳体上有进、出油口，滤芯一般是纸质，如图 4-2-5 所示。燃油滤清器安装时必须注意方向，不能装反，外壳上有箭头，箭头方向就是燃油的流动方向。燃油滤清器需要定期更换，更换周期一般为 30 000 km。

图 4-2-5　燃油滤清器结构

> 🔔 **知识提示**：电子控制燃油喷射系统的零部件配合精度较高，特别是喷油器的间隙要求非常严格。若未经过过滤的燃油进入了发动机，燃油中的杂质就会磨损或堵塞喷油器，使喷油器不能正常喷射燃油，从而影响发动机的工作。

4．燃油压力调节器

作用：稳定喷油压力，使电控燃油喷射系统只通过控制喷油器的喷油时间就可精确控制喷油量。燃油压力调节器分真空式和恒压式两种。

结构：真空式燃油压力调节器安装在燃油分配管上，主要由膜片、弹簧、回油阀、壳体等组成，如图 4-2-6（a）所示。恒压式燃油压力调节器通常安装在燃油箱内部或燃油滤清器内部，结构与真空式油压调节器相似，如图 4-2-6（b）所示。

5．燃油分配管

燃油分配管又称油轨，其功能是将燃油均匀、等压地输送到各缸喷油器，有储油蓄压，减轻油压脉动的作用，如图 4-2-7 所示。

6．喷油器

作用：按照电子控制单元的指令，将一定数量的燃油适时喷入气缸内，并与其中的空气混合形成可燃混合气。目前，电喷发动机大都采用电磁式喷油器。

动画
电磁式喷油器工作原理

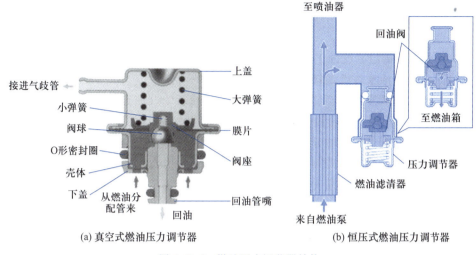

(a) 真空式燃油压力调节器　　　　(b) 恒压式燃油压力调节器

图 4-2-6　燃油压力调节器结构

图 4-2-7　燃油分配管结构

结构：按结构不同，喷油器分为轴针式和孔式。轴针式喷油器主要由喷油器外壳、进油滤网、插座、电磁线圈、衔铁、针阀、轴针、上下密封圈组成，如图 4-2-8（a）所示。孔式喷油器的针阀是由钢球、导杆和衔铁，用激光束焊接成整体，如图 4-2-8（b）所示。

视频

孔式喷油器和轴针式喷油器两种结构

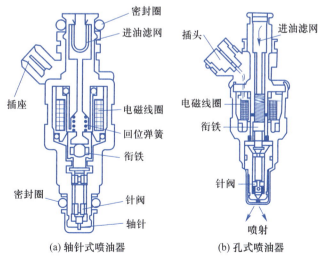

(a) 轴针式喷油器　　　　(b) 孔式喷油器

图 4-2-8　喷油器结构

三、燃油供给系统的工作过程

汽油机燃油供给系统的工作过程如图 4-2-9 所示。

（1）电动燃油泵将燃油箱中的燃油泵入燃油滤清器。

（2）燃油滤清器对流经的燃油进行过滤，过滤后的燃油进入燃油分配管，在燃油压力调节器的作用下，燃油分配管中的燃油压力保持在规定范围内。

（3）燃油分配管将燃油分配给各缸喷油器。

（4）喷油器根据电子控制单元的指令将燃油适时地喷入进气管中。

（5）当油路中油压升高时，燃油压力调节器自动调节油压，将多余燃油返回燃油箱，从而保持传送给喷油器的燃油压力基本不变。

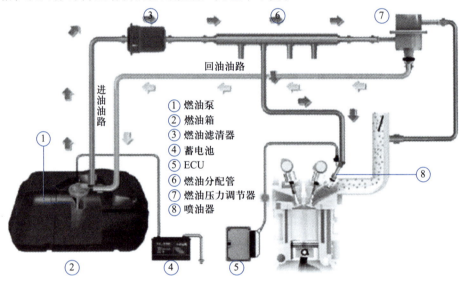

① 燃油泵
② 燃油箱
③ 燃油滤清器
④ 蓄电池
⑤ ECU
⑥ 燃油分配管
⑦ 燃油压力调节器
⑧ 喷油器

图 4-2-9　汽油机燃油供给系统工作过程

> **实践指导**

一、准备工作

（1）设备：发动机运行台架或安装汽油机的整车等。

（2）工具、量具：燃油压力表、数字式万用表、SATA 工具套件等。

（3）准备发动机维修手册。

（4）准备其他耗材。

二、燃油供给系统检修工作过程

1. 燃油供给系统压力检测

燃油供给系统压力类似人体的血压，出现偏差就会导致发动机工作出现故障。

微课
燃油供给系统压力检测

通过检测燃油供给系统压力，可以诊断燃油供给系统是否存在问题，进而根据检测结果确定故障性质与部位。检测需要使用专用的燃油压力表和连接接头，检测操作如下。

1）检查蓄电池电压

检查蓄电池电压是否正常，电动燃油泵运转条件是否满足，如图 4-2-10 所示。

2）释放燃油压力

拔下电动燃油泵熔断器或继电器，如图 4-2-11 所示，起动发动机，运转至发动机自行熄火，关闭点火开关；再次起动发动机 3~5 次，利用起动喷射卸除残余压力。

图 4-2-10　检查蓄电池电压是否正常

图 4-2-11　拔下电动燃油泵熔断器或继电器

3）安装燃油压力表

切断蓄电池负极搭铁，如图 4-2-12 所示。安装燃油压力表，如图 4-2-13 所示。燃油压力表一般安装在燃油分配管的进油口，有些车辆带有测压口。在拆卸燃油管路时，用一块棉布包住油管接头以防止燃油喷溅，燃油管路拆开后，将燃油压力表三通接头接入燃油管路中，并连接好燃油压力表。重新装复蓄电池负极搭铁线、电动燃油泵熔断器或继电器。

图 4-2-12　切断蓄电池负极搭铁

图 4-2-13　安装燃油压力表

4）检测静态油压

打开点火开关至 ON 挡，使电动燃油泵运转，读取燃油压力表数值，燃油供给系统的静态油压一般约为 300 kPa。若静态油压偏高，多是由于回油管变形或燃油压力调节器损坏所致。若静态油压偏低，多是由于燃油滤清器堵塞、电动燃油泵内部磨损、限压阀损坏、燃油压力调节器弹簧过软或喷油器卡滞造成异常喷油等。

5）检测怠速工作油压

起动发动机，发动机怠速运转，读取燃油压力表数值。燃油供给系统的怠速工作油压一般约为 250 kPa。若怠速工作油压偏高，多是由于燃油压力调节器真空管错装、漏装、漏气所造成。若低于下限值则发动机怠速时容易熄火。检测怠速工作压力时，拔下真空管油压应上升至 300 kPa，与节气门全开时的加速油压基本相等；否则应更换燃油压力调节器。

6）检测急加速油压

踩下加速踏板，使节气门全开，读取燃油压力表数值。一般急加速时油压应迅速由怠速工作时的 250 kPa 上升至 300 kPa，或符合车型技术规定。若急加速油压无变化，可能是真空管插错或漏气。若急加速油压与怠速工作油压差值小于 50 kPa，则说明节气门全开时进气系统仍存在真空节流。

7）检测电动燃油泵最大供油压力

在发动机怠速运转时，用包有软布的钳子将回油软管夹住，此时燃油压力表读数即为电动燃油泵最大供油压力，一般为工作油压的 2～3 倍，即 500～750 kPa，或符合车型技术要求。

电动燃油泵最大供油压力偏高是电动燃油泵限压阀卡滞造成的，应更换电动燃油泵。电动燃油泵最大供油压力偏低是由于燃油滤清器堵塞、电动燃油泵进油滤网脏堵、电动燃油泵内部磨损、电动燃油泵限压阀关闭不严或调压弹簧过软造成的。

8）检测燃油供给系统保持压力

松开油管夹钳，恢复静态油压，使电动燃油泵停止运转，此时燃油压力表读数即为燃油供给系统保持压力。一般规定在 10 min 内燃油供给系统保持压力应大于150 kPa。保持压力过低是由于电动燃油泵止回阀关闭不严、燃油压力调节器回油口关闭不严或喷油器滴漏造成的。

检测完毕后，释放燃油压力，拆卸燃油压力表，反复打开点火开关，进行燃油压力预置。

2. 喷油器的检测

喷油器是电控燃油喷射系统中关键的组成部分。受燃油质量影响，喷油器的故障约占电控喷射系统故障的 25% 以上。

1）检测喷油器电路

（1）点火开关置于"OFF"位置，拔下喷油器导线连接器，再将点火开关置于"ON"位置。

（2）用万用表的电压挡检测喷油器导线侧连接器上电源端子与搭铁端子间的电压，应为 12V 电源电压；否则应检查供电线路、点火开关、继电器或熔丝是否有故障。

（3）测量各喷油器插头负极端子与发动机电子控制单元（ECU）喷油器端子之间的电阻值，应小于 1 Ω。

2）检测喷油器电磁线圈

拔下喷油器导线连接器，用万用表欧姆挡测量喷油器上两个接线端子间的电阻值。发动机温度在 20 ℃时，高电阻型喷油器的电阻值应为 12~18 Ω；低电阻型喷油器的电阻值应为 2~5 Ω。如果电阻值不符合标准，证明喷油器的电磁线圈损坏，应更换喷油器。

3）检测喷油波形

（1）按照波形测试设备操作使用说明书的要求连接好波形测试设备。

（2）起动发动机，以 2 500 r/min 的转速踩住加速踏板 2~3 min，直至发动机完全热机，使燃油反馈控制系统进入闭环控制状态。

（3）关掉所有附属电器设备，缓慢加速并观察在加速时喷油器的喷油持续时间的相应增加状况，饱和开关型喷油器波形如图 4-2-14 所示。

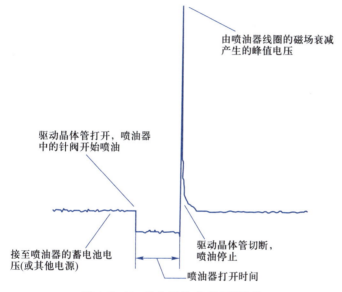

由喷油器线圈的磁场衰减产生的峰值电压

驱动晶体管打开，喷油器中的针阀开始喷油

接至喷油器的蓄电池电压(或其他电源)

驱动晶体管切断，喷油停止

喷油器打开时间

图 4-2-14 饱和开关型喷油器波形

喷油器怠速时的喷油脉宽一般为 1~6 ms，节气门全开时大约在 6~35 ms 变化。关断峰值随汽车制造商和发动机系列不同而有所不同，正常的范围大约是 30~100 V，有些喷油器的峰值被钳位二极管限制在大约 30~60 V。如果所测波形有异常，应更换喷油器。

4）检查喷油器的喷油质量

喷油器在正常工作压力下 15 s 常开喷油量一般为 70~80 mL，各缸喷油量误差不得超过平均喷油量的 5%；喷油器关闭后在正常工作压力下 1 min 内喷油器不得滴两滴以上油滴。

【任务实施】

一、查询并记录发动机信息

发动机型号		发动机排量	

二、按照维修手册技术要求检修燃油供给系统

1. 检测燃油供给系统压力，并进行判定分析。

检查项目	静态油压	怠速工作油压	急加速油压	保持压力
标准值				
测量值				
判定	□正常　□异常	□正常　□异常	□正常　□异常	□正常　□异常

2. 检测喷油器的线圈阻值、电压和波形，并进行判定分析。

检查项目	线圈阻值	怠速信号电压	怠速喷油脉宽	全负荷喷油脉宽
标准值				
测量值				
判定	□正常　□异常	□正常　□异常	□正常　□异常	□正常　□异常

3. 燃油供给系统压力检测前如何进行压力卸除？完成燃油供给系统压力检测后如何进行压力预置？

4. 喷油器的喷油质量有哪些要求？在什么情况下需要对喷油器进行清洗？

【任务评价】

序号	评分项目	评分标准	配分	得分
一	安全作业	1. 能进行设备和工具安全检查（6分） □1.1 检查作业所需的工具设备是否完备（2分） □1.2 检查作业环境是否配备灭火器（2分） □1.3 检查驻车制动器是否拉起（2分） 2. 能进行车辆安全防护操作（6分） □2.1 正确安装车辆绝缘翼子板布和格栅垫（2分） □2.2 正确安装车内四件套（2分） □2.3 正确安装车轮挡块（2分） 3. 能进行"三不落地"操作（3分） □3.1 作业过程中做到油液不落地（1分） □3.2 作业过程中做到工具不落地（1分） □3.3 作业过程中做到零件不落地（1分）	15分	
二	资料查询	□1. 能查询发动机型号、排量等信息，每缺1项扣1分（4分） □2. 能正确记录零部件参数标准值、拧紧力矩等维修信息，每缺1项扣1分（6分）	10分	
三	技能操作	1. 燃油系统压力检测（40分） □1.1 有效完成燃油系统压力检测准备工作（5分） □1.2 能正确连接与使用燃油压力表（5分） □1.3 按照规定要求，完成各工况燃油供给系统压力检测（15分） □1.4 根据检测结果，对燃油供给系统管路与相关零部件工作情况做出正确判定（10分） □1.5 按照规定要求，完成燃油压力表拆卸与检测车辆恢复工作（5分） 2. 喷油器的检测（20分） □2.1 检测喷油器的连接电路（5分） □2.2 检测喷油器的线圈阻值（5分） □2.3 检测喷油器的信号电压与喷油波形（5分） □2.4 检测喷油器的喷油质量（5分）	60分	
四	维修判定	□ 能对检测结果进行正确的判定分析，每误判1项扣2分（10分）	10分	
五	工单填写	□1. 工单填写字迹工整（2分） □2. 工单填写语句通顺（3分）	5分	
合计			100分	

任务三 ▶▶▶

进气系统构造与检修

【任务引入】

进气系统是发动机必不可少的一个系统。它主要向发动机供给适量的空气，测量和控制发动机不同工况下所需的空气量，满足发动机不同工况的要求，确保发动机正常工作。在车辆使用过程中，若进气系统出现堵塞、泄漏，以及节气门体脏污、传感器损坏等问题，将会导致发动机出现怠速抖动、加速不畅等故障。

【任务目标】

素质目标

1. 树立牢固的安全意识、规范意识、质量意识、责任意识；

2. 磨砺吃苦耐劳的意志品质，锤炼严谨细致的工作作风，弘扬爱岗敬业的职业精神。

知识目标

1. 熟悉进气系统作用；

2. 掌握进气系统组成及主要部件结构；

3. 理解进气系统工作过程。

能力目标

1. 能够正确描述进气系统各主要部件的作用；

2. 能够按照汽车维修操作要求完成进气系统主要部件的拆装与检修。

知识拓展：进气系统检修操作注意事项

（1）进行空气滤清器清洁时，检修人员应做好防护措施，防止灰尘被吸入呼吸道或进入眼睛。

（2）拆装节气门体时必须先断开蓄电池负极，防止节气门翻板动作造成人身伤害。

（3）进行节气门体清洗时，防止清洗剂溅入眼睛或接触皮肤。

【任务学习】

▶　理论引导

一、进气系统的作用及组成

进气系统的作用是根据发动机的工作状态提供适量、清洁的空气，同时向 ECU 传递此信息，并根据 ECU 的指令完成空气量的调节。

进气系统主要由空气滤清器、空气流量传感器（进气歧管压力传感器）、节气门体、节气门位置传感器、怠速控制装置、进气总管、进气歧管等组成，如图 4-3-1 所示。有的发动机上还有进气预热装置、可变进气系统、进气增压系统等。

微课
进气系统的
作用与组成

视频
废气涡轮增
压器工作演
示

动画
废气涡轮增
压原理

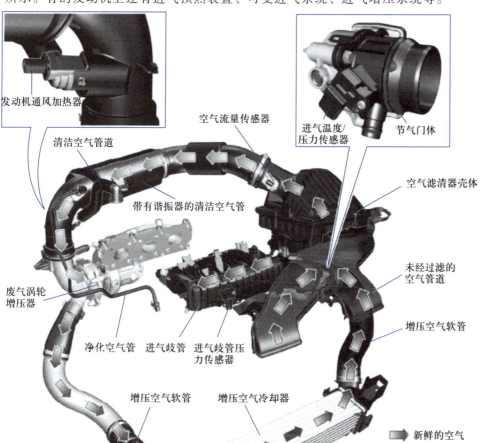

图 4-3-1　进气系统组成

二、进气系统的工作原理

1. 质量流量方式空气供给系统（L 型）

质量流量方式空气供给系统如图 4-3-2 所示。在气缸进气行程真空吸力的作用下，经空气滤清器过滤的空气，流经空气流量传感器、节气门体与怠速控制阀、进气总管、进气歧管，然后与喷油器喷出的燃油混合，吸入到气缸内燃烧。空气流量传感器测量进气量，ECU 根据进气质量流量和发动机工况所需的空燃比计算燃油的基本喷射量。

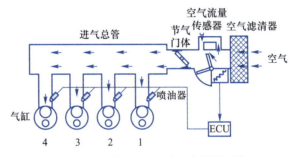

图 4-3-2　质量流量方式空气供给系统

2. 速度密度方式空气供给系统（D 型）

速度密度方式空气供给系统如图 4-3-3 所示。进气歧管压力传感器测量进气歧管内的气体压力，然后 ECU 根据该压力和发动机转速计算出发动机每一工作循环吸入的空气质量，并根据进气质量和发动机工况所需的空燃比计算出燃油的基本喷射量。

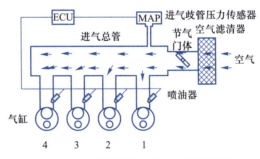

图 4-3-3　速度密度方式空气供给系统

三、进气系统主要零部件

1. 空气滤清器

作用：滤除空气中的尘土、砂粒，吸收空气中的水分，以减少气缸、活塞和活塞环的磨损，延长发动机的使用寿命。此外，空气滤清器也有消减进气噪声的作用。

结构：目前，汽车发动机广泛采用纸质干式空气滤清器，主要由壳体及滤芯组成，滤芯由经过树脂浸渍、折叠成波褶状并经防火处理的微孔滤纸制成，如图 4-3-

4 所示。这种滤清器具有结构简单、质量轻、成本低、使用方便、过滤效果好的优点。纸质干式滤清器过滤效率可达 99.5% 以上。

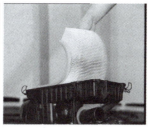

图 4-3-4　空气滤清器

🔔 **知识提示**：近年来，为了满足环保要求，恒温控制空气滤清器、电子增氧空气滤清器、消声空气滤清器等类型空气滤清器应运而生。

维护：空气滤清器在使用过程中，需要对滤芯进行定期维护保养。一般车辆每行驶 15 000 km 左右需要对空气滤清器进行维护，即将滤芯取出并用压缩空气由内向外将表面尘土吹掉；每行驶 3 000 km 左右应及时更换新滤芯。

🔔 **知识提示**：当空气滤清器滤芯出现堵塞，且发动机出现发闷的轰鸣声、加速迟缓、工作无力、冷却液温度升高、排气烟度变浓等现象时，应拆下滤芯进行保养或更换。

2. 空气流量传感器

作用：对进入气缸的空气量进行直接计量，并把空气流量的信息输送到 ECU，作为电子控制燃油喷射系统的主控信号。空气流量传感器应用在 L 型发动机进气系统中，安装在空气滤清器与节气门体之间。

分类：空气流量传感器有翼片式、卡门旋涡式、热线式和热膜式等多种形式。翼片式和卡门旋涡式空气流量传感器已逐渐淘汰，目前应用较多的是热线式和热膜式空气流量传感器，这两种空气流量传感器直接检测空气的质量流量，测量精度高。

结构：热线式和热膜式空气流量传感器的工作原理相同，下面仅以热线式空气流量传感器为例，介绍其结构组成和工作原理。

热线式空气流量传感器由感知空气流量的白金热线电阻、根据进气温度进行修正的温度补偿电阻、控制热线电流并产生输出信号的控制电路板和空气流量传感器壳体等组成，如图 4-3-5 所示。

3. 节气门体

作用：控制进气通道截面积的变化，实现对发动机的转速和负荷的控制。节气门体安装在空气滤清器和进气总管之间。

分类：节气门体有传统拉线式节气门体和电子节气门体两种，如图 4-3-6 所示。电子节气门体取消了加速拉索控制，利用电子控制单元驱动电动机，快速精确

视频
空气流量传感器

视频
节气门体结构

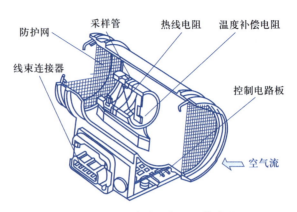

防护网　采样管　热线电阻　温度补偿电阻

线束连接器　　　　　　　　　控制电路板

空气流

图 4-3-5　热线式空气流量传感器

控制节气门体的开度。2008 年后生产的乘用车辆大多配置了电子节气门体系统。

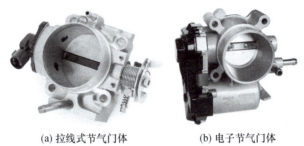

(a) 拉线式节气门体　　　　(b) 电子节气门体

图 4-3-6　节气门体

　　结构：电子节气门体主要由节气门、节气门位置传感器、驱动电动机、怠速控制装置等组成，如图 4-3-7 所示。

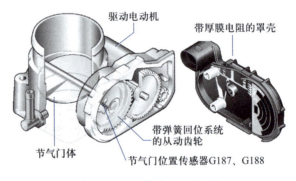

驱动电动机

带厚膜电阻的罩壳

节气门体

带弹簧回位系统的从动齿轮

节气门位置传感器G187、G188

图 4-3-7　电子节气门体结构

　　1）节气门位置传感器

　　节气门位置传感器把发动机运转过程中节气门的位置及开启角度的变化转换成电信号，传递给发动机控制单元，用于控制燃油喷射及其他辅助控制。节气门位置传感器安装在节气门体上节气门轴的一端，从而把节气门开度转化为电信号输出。节气门位置传感器有多种类型，应用较多是线性电位计式，如图 4-3-8 所示。

图4-3-8 线性电位计式节气门位置传感器

2）怠速控制装置

对怠速进气量控制的对策、方式随车型的不同有所不同。怠速控制装置目前可分为节气门直动式、空气旁通式两种基本类型。

节气门直动式怠速控制系统：节气门驱动电动机，使节气门打开一定程度，控制怠速进气量。

旁通空气式怠速控制系统：节气门处于完全关闭状态，由怠速旁通阀控制进入进气总管的怠速进气量。

4. 进气歧管压力传感器

作用：通过检测进气管的负压变化，感知发动机的进气量大小，ECU以此信号和其他传感器信号控制喷油器的喷油量。进气歧管压力传感器（MAP）通常安装在节气门体后方，进气总管上。

分类：进气歧管压力传感器有很多种类型，主要有电磁式、电容式、压敏电阻式等。下面以压敏电阻式进气歧管压力传感器为例介绍其结构组成。

结构：压敏电阻式进气歧管压力传感器主要由半导体应变片、真空室、混合集成电路板和外壳等组成，如图4-3-9所示。

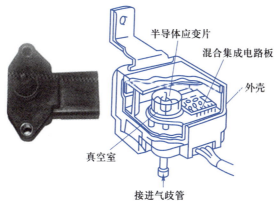

图4-3-9 压敏电阻式进气歧管压力传感器

5. 进气总管和进气歧管

进气总管位于空气滤清器与进气歧管之间。为了提高进气效率，进气总管的长度、形状经过精确设计。进气总管还装有空气流量传感器或进气压力传感器，用来测量发动机的进气量。有的进气总管装有温度传感器，用来测量进气温度。

进气歧管的作用是将吸入的空气均匀分配给各个气缸。进气歧管是一个由总管和几个歧管构成的整体管件，一般为铝制品。电子控制发动机的进气歧管中每个进气道长度相等。有的进气歧管上设置有谐波增压装置，用来增大进气压力，提高充气效率。

▶ 实践指导

一、准备工作

（1）设备：发动机运行台架或安装汽油机的整车等。

（2）工具、量具：数字式万用表、SATA 工具套件等。

（3）准备发动机维修手册。

（4）准备其他耗材。

二、进气系统检修工作过程

1．空气滤清器的更换

（1）找到空气滤清器的位置，空气滤清器通常是位于发动机气缸体的上方。

（2）拆下空气滤清器外壳上的螺母或松掉卡箍，把空气滤清器打开。

（3）把旧的空气滤清器芯从空气滤清器壳体中拆下，使用一块清洁的抹布，把空气清器壳体内侧的灰尘清理干净。

（4）检查空气滤清器，滤芯应比较干净、滤芯必须完好无损、密封环无弯折或撕裂，如图 4-3-10 所示；否则应予以更换。

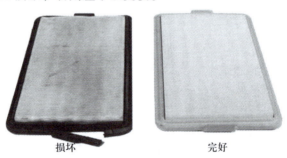

损坏　　　　　　完好

图 4-3-10　空气滤清器检查

（5）把新的空气滤清器滤芯正确地放入空气滤清器的壳体中，盖好空气滤清器的外壳，安装好卡箍或紧固螺栓。

2．检测空气流量传感器

1）检测线路导通性

检测空气流量传感器线束插头各端子与发动机控制单元线路电阻，其电阻值应小于 1 Ω。电阻值大于 1 Ω，表示线路有断路或短路，应修复。

2）检测供电电压

关闭点火开关，拔下空气流量传感器插头，打开点火开关，用万用表检测插头供电端子和发动机搭铁端子的电压，应接近 12 V 蓄电池电压。若电压为 0 V，应检查熔断器与供电端的线路有无断路。

3）检测信号电压

接通点火开关，测量信号端子与搭铁端子的电压，发动机工作时为 2~4 V，发动机不工作时为 1~1.5 V。关闭点火开关，拆下空气滤清器；接通点火开关，但不起动发动机，使用电吹风（冷风挡）向空气流量传感器吹气，改变吹风距离，信号电压应发生变化（接近时电压升高，远离时电压下降），若电压不变化，说明空气流量传感器失效，应更换。

3. 检测进气歧管压力传感器

1）检测线束电阻

使用万用表电阻挡检测线束电阻时，断开点火开关，拔下控制器线束插头和传感器线束插头，检测两插头上各端子之间导线电阻，应小于 0.5 Ω。如阻值过大或为无穷大，说明线束端子接触不良或断路，应予以修理。

2）检测电源电压

万用表就车检测电压时，拔下传感器插接器，打开点火开关，检测传感器线束供电端子与搭铁端子的电压，应为 5 V 左右。

3）检测信号电压

打开点火开关而不起动发动机时，检测进气歧管压力传感器信号端子与搭铁端子的信号电压应为 3.8~4.8 V。当发动机怠速运转时，信号电压应为 0.4~1.3 V；当加大节门开度时，信号电压应随节气门开度加大而升高，信号变化要连续且变化要灵敏。如信号电压不符合上述规律，说明进气歧管压力传感器失效，应予以更换。

4. 检测节气门位置传感器

以综合式节气门位置传感器为例，其与发动机 ECU 的连接电路如图 4-3-11 所示。

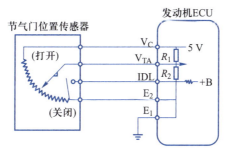

图 4-3-11　综合式节气门位置传感器电路图

1）检查搭铁电路

关闭点火开关，拆下节气门位置传感器导线连接器。用万用表欧姆挡检查节气门位置传感器线束插接器 E_2 端子与 ECU 的 E_2 端子之间的导线、ECU 的 E_1 端子与车身搭铁部位之间的导线的连接情况，均应导通。

2）检查电压

插好节气门位置传感器的导线连接器，点火开关置于 ON 挡但不起动发动机，转动节气门，用万用表直流电压挡分别检测线束插接器上 IDL、V_C、V_{TA} 三个端子与车身之间的电压，其值应符合表 4-3-1 要求。

表 4-3-1   节气门位置传感器端子间电压

端子	条件	标准电压/V
IDL 至 E_2	节气门开	9～14
V_C 至 E_2	—	4～5.5
V_{TA} 至 E_2	节气门全开	0.3～0.8
	节气门全闭	3.2～4.9

3）检查传感器

（1）怠速触点导通性检查：点火开关置于 OFF 挡，拔去节气门位置传感器的导线连接器，用万用表欧姆挡在节气门位置传感器连接器上测量怠速触点 IDL 的导通情况。当节气门全闭时，IDL 至 E_2 端子间应导通（电阻为 0 Ω）；当节气门打开时，IDL 至 E_2 端子间应不导通（电阻为∞）。若不符合应更换节气门位置传感器。

（2）检查线性电位计电阻：点火开关置于 OFF 挡，拔去节气门位置传感器的导线连接器，用万用表欧姆挡测量线性电位计的电阻（V_{TA} 至 E_2 之间的电阻），该电阻应随节气门开度的增大而线性增大。

5. 节气门体拆卸与清洗

1）拆卸节气门体

（1）拆卸空气滤清器。

（2）拔下线束连接插头。

（3）拆卸节气门体各连接螺钉，取下密封垫。

2）清洗节气门体

（1）用手打开节气门，并在打开位置用合适的物件（如塑料或木楔）堵住节气门，如图 4-3-12 所示。

（2）用普通的丙酮和一把软刷，彻底清洁节气门管壳体，尤其是封闭的翻板部位，如图 4-3-13 所示。

（3）用无纺布擦拭节气门管壳体，丙酮应完全风干。

3）安装节气门体

安装节气门体时，应注意下部销孔与安装座上的定位销对齐，在确认节气门体有效定位后再旋入连接螺钉，并采用交叉方式均匀拧紧，如图 4-3-14 所示。

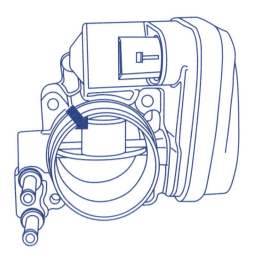

图 4-3-12　打开节气门

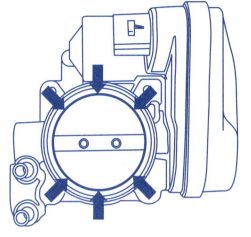

图 4-3-13　清洁翻板部位

图 4-3-14　安装节气门体

【任务实施】

一、查询并记录发动机信息

发动机型号		发动机排量	

二、按照维修手册技术要求检修燃油供给系统

1. 检测空气流量传感器，记录检测结果并进行判定分析。

检查项目	线路导通性		供电电压		信号电压（ON）		信号电压（STA）	
标准值								
测量值								
判定	□正常　□异常		□正常　□异常		□正常　□异常		□正常　□异常	

2. 检测进气歧管压力传感器，记录检测结果并进行判定分析。

检查项目	线路导通性	供电电压	怠速信号电压	信号电压线性变化
标准值				
测量值				
判定	□正常　□异常	□正常　□异常	□正常　□异常	□正常　□异常

3. 检测节气门位置传感器，记录检测结果并进行判定分析。

检查项目	V_C至E_2	V_{TA}至E_2	V_{TA}至E_2
	—	节气门全关	节气门全关
电压			
电阻			
判定		□正常　　□异常	

4. 清洗节气门体，记录操作步骤与注意事项。

操作步骤	
注意事项	

【任务评价】

序号	评分项目	评分标准	配分	得分
一	安全作业	1. 能进行设备和工具安全检查（6分） □1.1 检查作业所需的工具设备是否完备（2分） □1.2 检查作业环境是否配备灭火器（2分） □1.3 检查驻车制动器是否拉起（2分） 2. 能进行车辆安全防护操作（6分） □2.1 正确安装车辆绝缘翼子板布和格栅垫（2分） □2.2 正确安装车内四件套（2分） □2.3 正确安装车轮挡块（2分） 3. 能进行"三不落地"操作（3分） □3.1 作业过程中做到油液不落地（1分） □3.2 作业过程中做到工具不落地（1分） □3.3 作业过程中做到零件不落地（1分）	15分	

序号	评分项目	评分标准	配分	得分
二	资料查询	□1. 能查询发动机型号、排量等信息，每缺 1 项扣 1 分（4 分） □2. 能正确记录零部件参数标准值、拧紧力矩等维修信息，每缺 1 项扣 1 分（6 分）	10 分	
三	技能操作	1. 空气流量传感器检测（15 分） □1.1 正确插拔空气流量传感器线束连接器（5 分） □1.2 正确选取检测位置（5 分） □1.3 规范使用相关检测仪器设备（5 分） 2. 进气歧管压力传感器检测（15 分） □2.1 正确插拔进气歧管压力传感器线束连接器（5 分） □2.2 正确选取检测位置（5 分） □2.3 规范使用相关检测仪器设备（5 分） 3. 节气门位置传感器检测（15 分） □3.1 正确插拔节气门位置传感器线束连接器（5 分） □3.2 正确选取检测位置（5 分） □3.3 规范使用相关检测仪器设备（5 分） 4. 节气门体清洗（15 分） □4.1 正确拆卸节气门体（5 分） □4.2 确定节气门体的清洗位置（5 分） □4.3 正确安装节气门体（5 分）	60 分	
四	维修判定	□ 能对检测结果进行正确的判定分析，每误判 1 项扣 2 分（10 分）	10 分	
五	工单填写	□1. 工单填写字迹工整（2 分） □2. 工单填写语句通顺（3 分）	5 分	
合计			100 分	

任务四 ▶▶▶

排气系统构造与检修

【任务引入】

排气系统用于收集、排放发动机燃烧的废气，降低发动机的排气噪声，改善发动机的排放污染，是发动机的重要组成部分。若排气系统出现堵塞，将会导致气缸内废气残余、进气不足、排气不畅，进而使得发动机动力性能下降、排放性能恶化，还会影响到发动机其他系统的正常工作。

【任务目标】

素质目标

1. 树立牢固的安全意识、规范意识、质量意识、责任意识；

2. 磨砺吃苦耐劳的意志品质，锤炼严谨细致的工作作风，弘扬爱岗敬业的职业精神。

知识目标

1. 熟悉排气系统作用；

2. 掌握排气系统组成及主要部件结构；

3. 理解排气系统工作过程。

能力目标

1. 能够正确描述排气系统各主要部件的作用；

2. 能够按照汽车维修操作要求完成排气系统主要部件的拆装与检修。

 知识拓展：排气系统检修操作注意事项

（1）起动发动机前检查挡位是否在 P 挡或空挡，并观察车辆前方及后方是否有人。

（2）起动发动机前应先通知协作人员及车辆附近的人员。

（3）规范使用举升机，举升部位应为车辆专用举升支点。机械保护装置未操作到位时禁止人员进入被举升车辆下方。

（4）在车辆下方操作时必须佩戴护目镜，防止灰尘等异物落入眼睛。

（5）在排气管道高温状态拆装氧传感器时，必须佩戴防护手套。

【任务学习】

▶ 理论引导

一、排气系统的作用及组成

排气系统的作用是汇集各气缸的废气，减小排气噪声和消除废气中的火焰与火星，使废气安全地排入大气，并对废气中的有害物质进行排放控制。

排气系统主要由排气歧管、氧传感器、三元催化转换器、排气消声器、隔热装置等组成，如图 4-4-1 所示。

微课
排气系统的
作用及组成

图 4-4-1　排气系统组成

二、排气系统的类型

不同车型发动机的排气系统结构不尽相同，但基本部件是一致的。根据发动机排气管的数目，可分为单排气系统和双排气系统。直列式发动机通常采用单排气系统，也有部分 V 型发动机采用单排气系统，如图 4-4-2 所示。有些 V 型发动机采用两个单排气系统构成双排气系统，即每个排气歧管各自连接一个排气管，如图 4-4-3 所示。

微课
排气系统主
要零部件

三、排气系统主要零部件

1. 排气歧管

作用：将发动机排出的废气引向排气管。直列式发动机有一个排气歧管，V 型发动机左右两侧各有一个排气歧管。

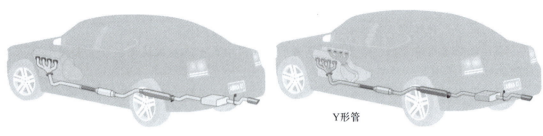

(a) 直列式发动机　　　　　　　　　　　　(b) V型发动机

图 4-4-2　单排气系统

结构：排气歧管的形状十分重要，为了不使各缸排气互相干扰及不出现排气倒流的现象，并尽可能地利用惯性排气，应该将排气歧管做得尽可能长，且各缸支管相互独立、长度相等，其结构如图 4-4-4 所示。排气歧管通过螺栓固定在气缸盖上，在接合面处装有衬垫，以防漏气，排气歧管的各个支管分别与各缸排气门通道相接。排气歧管多用不锈钢制造，其原因是不锈钢排气歧管质量轻、耐久性好，同时内壁光滑、排气阻力小。

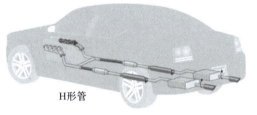

H形管

图 4-4-3　双排气系统

图 4-4-4　排气歧管结构

2. 氧传感器

作用：氧传感器一般安装在排气歧管上，通常在三元催化转化器前后各安装一个，分别称为前、后氧传感器，如图 4-4-5 所示。安装在三元催化转化器前面的氧传感器，检测排气中氧离子含量，获取混合气的空燃比信号，并将该信号传递给ECU。ECU 根据来自氧传感器的信号，相应地修正喷油脉宽，形成闭环控制，提高燃油经济性，有效提高三元催化转化器转化效率和降低排放污染；安装在三元催化转化器后面的氧传感器的作用是检测三元催化转化器的转化效率的高低。

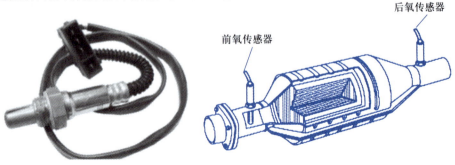

图 4-4-5　氧传感器安装位置

分类：根据结构不同，氧传感器分为氧化锆式（ZrO_2）、氧化钛式（TiO_2）两种类型。

1）氧化锆式

氧化锆式氧传感器使用二氧化锆作为工作介质，并做成管状，氧化锆内外两侧设置有铂金电极，分别与大气和排气相接触。当温度较高时（300℃以上），且氧化锆管内、外侧氧含量不一致，存在浓度差，氧离子从大气侧向排气侧扩散，使锆管成为一个微电池，在铂金电极间产生电压。

2）氧化钛式

氧化钛式氧传感器使用二氧化钛作为工作介质。TiO_2在室温下具有较高电阻，但在高温条件下，TiO_2周围氧含量少时，TiO_2中的氧分子会逃逸使其晶格出现缺陷，电阻随之下降。利用TiO_2这一特性，将其串联在电路中，当排气中氧含量变化时，会产生不同的电压信号。

> 🔔**知识提示**：由于氧化钛式氧传感器属于电阻型传感器，受温度变化影响比较大，必须用温度补偿的方法来提高测量精度。因此氧化钛式氧传感器在车辆上应用不如氧化锆式广泛。

3. 三元催化转换器

作用：三元催化转换器是排气系统中最重要的净化装置，它可将尾气中的 CO、HC 和 NO_x 等有害气体转变为 CO_2、H_2O 和 N_2 等无害物质，从而减少发动机的排气污染，如图 4-4-6 所示。

微课
三元催化转换器工作原理

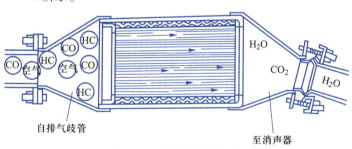

图 4-4-6　三元催化转换器工作原理

结构：由催化剂及其载体、隔热层和壳体等组成，如图 4-4-7 所示。催化剂主要为 Pt（铂）、Rh（铑）、Pd（钯）等贵金属。

> 🔔**知识提示**：三元催化转换器化学中毒，是指尾气中的含碳沉积物或来自燃油及机油的含铅、硫、磷、硅等的吸附性杂质在三元催化转换器活性物质表面沉积，导致三元催化转换器的催化效率下降，甚至使三元催化转换器堵塞、发动机动力性能下降。

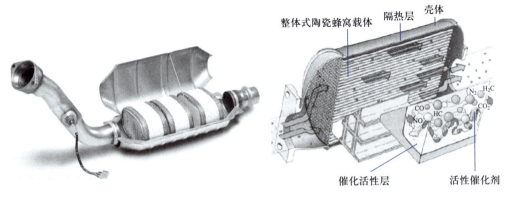

图 4-4-7   三元催化转换器结构

4. 消声器

作用：通过逐渐降低排气压力和衰减排气压力的脉动，使排气能量耗散殆尽，达到消除排气噪声的目的。

结构：消声器内部有一系列隔板、腔室、孔洞和管道，如图 4-4-8 所示。废气在消声器中多次改变气流方向或通过节流孔节流。在这个过程中，声波反射互相抵消，排气气流的压力波得到衰减，消耗了废气中的能量，降低了噪声。

图 4-4-8   消声器结构

▶ 实践指导

一、准备工作

（1）设备：发动机运行台架或安装汽油机的整车等。

（2）工具、量具：排气背压表、数字式万用表、示波器、红外测温仪、排气分析仪、塞尺、钢直尺、SATA 工具套件等。

（3）准备发动机维修手册。

（4）准备其他耗材。

二、排气系统检修工作过程

1. 排气泄漏检查

1）现象

排气系统泄漏会在泄漏的区域出现污点；用手靠近泄漏区域可以感觉到泄漏，

同时可能会伴随爆裂声或"嘶嘶"声；气温较低时，还会看到有白色水汽从泄漏处渗出。

2）原因

排气泄漏一般是由于部件错位或者安装不正确造成的，如螺栓紧固力矩不正确、排气歧管吊架松动等。排气歧管衬垫周围、排气管道连接处、氧传感器安装处等部位易发生泄漏，应重点检查。

2．排气背压检测

1）检测目的

通过检测发动机的排气背压来判定排气系统是否堵塞。

2）检测方法

（1）使用氧传感器拆装工具拆下前氧传感器；

（2）安装排气背压表以代替前氧传感器；

（3）起动发动机，将发动机转速提高至 2 000 r/min；

（4）观察排气背压表的读数，并与标准值进行比较；

（5）关闭发动机，并将点火开关置于 OFF 挡；

（6）拆下排气背压表，安装前氧传感器。

3）检测判定

在急速时，发动机的排气背压最大值应低于 10 kPa；发动机转速为 2 500 r/min时，排气背压最大值应低于 15 kPa。若排气背压超过规定值，说明三元催化转换器、消声器可能存在阻塞。

3．排气歧管检修

1）外观检查

检查排气歧管外表面上有无机械损伤、裂纹、漏气、腐蚀、变形等现象，不能满足使用要求的，应予以更换。

2）平面度检测

要求：排气歧管与气缸盖排气侧结合平面的平面度最大极限值为 0.1 mm。

检查：用直尺和塞尺检查结合平面的平面度。排气歧管的平面度若超过最大极限值的规定时，应进行修理。可用铣削加工方法进行修理，但铣削量不得大于0.3 mm;否则，应更换排气歧管。

4．氧传感器检修

以 1.8T 伊兰特轿车为例进行分析，其氧传感器控制电路如图 4-4-9 所示。

1）加热元件电阻检测

（1）拔下传感器线束连接器插头。

（2）使用万用表检测氧传感器插座 3、4 端子间电阻，应为 20 Ω 左右，且电阻值随温度升高迅速上升。如果常温下电阻值为 ∞，说明加热元件断路，应更换氧传感器。

2）电源电压检测

（1）拔下传感器连接器插头。

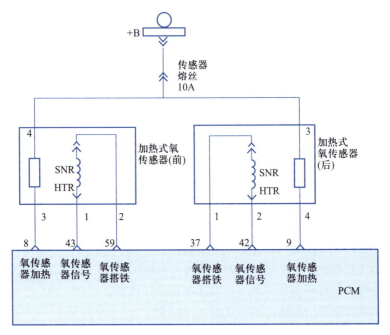

图 4-4-9　1.8T 伊兰特轿车氧传感器控制电路

（2）打开点火开关。

（3）使用万用表检测氧传感器连接器插头上 3、4 端子间电压，应约为 12 V。如果电压为 0 V，说明氧传感器连接线路存在断路，应进行排查。

3）信号电压检测

（1）连接好氧传感器连接器插头与插座。

（2）接通点火开关。

（3）使用万用表测量氧传感器 1、2 端子间电压，电压应为 0.45～0.55 V。

（4）当供给浓混合气时，电压应为 0.7～1.0 V；当供给稀混合气时，电压应为 0.1～0.3 V，否则说明氧传感器失效，应予以更换。

4）信号电压波形检测

（1）连接好氧传感器连接器插头与插座。

（2）接通点火开关。

（3）采用背插方式，连接示波器到氧传感器 1、2 端子上。

（4）保持发动机转速在 2 500 r/min，预热氧传感器 2 min。

（5）检查信号电压波形，应在 0.1～0.9 V 来回摆动，且 10 s 内信号电压变化次数应不少于 8 次；否则，说明氧传感器工作不正常，也可能是氧传感器表面有积炭使其灵敏度降低。

5. 三元催化转换器检修

1）外观检查

检查三元催化转化器是否有裂纹，各连接是否牢固，是否有泄漏，如存在问题则应及时加以处理。

2）机械损伤检查

（1）观察三元催化转换器表面有无刮擦、凹痕或裂纹等，如有则说明其受到过损伤。

（2）轻轻敲击并晃动三元催化转换器，同时听其内部是否有物体移动的声音，如有，则说明催化剂载体已破碎，需要更换三元催化转换器。

3）温度检查

三元催化转换器工作时发生氧化反应会产生大量热，可通过测量进、出口的温差来检查其性能。

检查时，使发动机在正常温度下以 2 500 r/min 的转速运转，测量三元催化转换器进、出口的温度并进行比较。如果出口的温度比进口的温度高 20% ~ 25%（至少10%），则三元催化转换器的性能正常；如果出口与进口的温度差达不到上述范围，则三元催化转换器性能不良，应予以更换；如果出口与进口的温度差超过上述范围，则说明尾气中有大量的一氧化碳和碳氢化合物，需对发动机做进一步检查。

4）效率测试

三元催化转换器的效率可通过排气分析仪测试氧含量来判定。

在发动机暖机且进入闭环控制时，使变速杆处于空挡位置，反复加油测试，读取氧含量。

若氧含量检测值为零，应继续反复进行加油测试，直到获取氧含量数值；若氧含量检测值保持低于 1.2%，表明三元催化转换器工作正常；若氧含量检测值高于1.2%，表明三元催化转换器效率低。

此外，在氧含量检测值大于零的情况下，继续检查 CO 的排放量，若 CO 的排放量大于零，则说明三元催化转换器工作不正常。

🔔 **知识提示：** 三元催化转换器一般在车辆行驶 80 000 km 后进行更换，更换时以总成的形式更换，且须更换与原车匹配的原厂部件。

6. 排气消声器检修

1）外观检查

（1）检查连接法兰处是否有漏气现象；检查连接法兰处的密封圈、密封垫是否有损坏现象。

（2）检查消声器总成的排气管、连接管和消声筒等处有无机械损伤、严重锈蚀、脱焊、漏气等现象。

（3）检查消声筒内有无异常的响声。

2）积炭清除

（1）用铁条或旋具，轻轻刮排气管内壁上的积炭，逐点清理干净。

（2）用木棒轻轻敲打消声筒，使筒内的积炭脱落，并将积炭倒出来。

（3）清理后的消声筒，使用汽油或煤油清洗干净再进行装配。

【任务实施】

一、查询并记录发动机信息

发动机型号		发动机排量	

二、按照维修手册技术要求检修排气系统

1. 检测排气系统排气背压，并进行判定分析。

检查项目	怠速时排气背压	2 500 r/min 时排气背压
标准值		
测量值		
判定	□合格　□不合格	

2. 检测前氧传感器，并进行判定分析。

检查项目	加热器电阻	供电电压	信号电压	10 s 内变化次数
标准值				
测量值				
判定	□正常　□异常	□正常　□异常	□正常　□异常	□正常　□异常

3. 检测三元催化转换器，并进行判定分析。

检查项目	进口温度	出口温度	O_2含量	CO 含量
测量值				
判定	□正常　　□异常		□正常　□异常	

4. 简述排气消声器积炭清理的方法。

5. 排气泄漏应重点检查哪些部位？

【任务评价】

序号	评分项目	评分标准	配分	得分
一	安全作业	1. 能进行设备和工具安全检查（6分） □1.1 检查作业所需的工具设备是否完备（2分） □1.2 检查作业环境是否配备灭火器（2分） □1.3 检查驻车制动器是否拉起（2分） 2. 能进行车辆安全防护操作（6分） □2.1 正确安装车辆绝缘翼子板布和格栅垫（2分） □2.2 正确安装车内四件套（2分） □2.3 正确安装车轮挡块（2分） 3. 能进行"三不落地"操作（3分） □3.1 作业过程中做到油液不落地（1分） □3.2 作业过程中做到工具不落地（1分） □3.3 作业过程中做到零件不落地（1分）	15分	
二	资料查询	□1. 能查询发动机型号、排量等信息，每缺1项扣1分（4分） □2. 能正确记录零部件参数标准值、拧紧力矩等维修信息，每缺1项扣1分（6分）	10分	
三	技能操作	1. 排气系统排气背压检测（20分） □1.1 完成检测操作准备（5分） □1.2 正确选取检测位置，并连接排气背压表（5分） □1.3 按照操作流程，规范完成相关压力参数的检测（10分） 2. 前氧传感器检测（20分） □2.1 正确插拔前氧传感器线束连接器（5分） □2.2 正确选取检测位置（5分） □2.3 规范使用相关检测仪器设备（10分） 3. 三元催化转换器检测（20分） □3.1 完成检测操作准备（5分） □3.2 正确选取检测位置（5分） □3.3 规范使用相关检测仪器设备（10分）	60分	
四	维修判定	□ 能对检测结果进行正确的判定分析，每误判1项扣2分（10分）	10分	
五	工单填写	□1. 工单填写字迹工整（2分） □2. 工单填写语句通顺（3分）	5分	
合计			100分	

任务五 ▶▶▶

废气再循环系统构造与检修

【任务引入】

废气再循环（EGR）系统是将一部分尾气重新引入到进气歧管中，利用废气稀释混合气的方法来控制氮氧化物生成，从而减少氮氧化物的排放。发动机不同工况对废气再循环量有规定，当 EGR 系统出现问题会导致发动机出现起动困难、怠速抖动及排放性能下降。

【任务目标】

素质目标

1. 树立牢固的安全意识、规范意识、质量意识、责任意识；

2. 磨砺吃苦耐劳的意志品质，锤炼严谨细致的工作作风，弘扬爱岗敬业的职业精神。

知识目标

1. 熟悉氮氧化物的生成与控制；

2. 掌握 EGR 系统的功用与组成；

3. 理解 EGR 系统的工作过程。

能力目标

1. 能够正确描述 EGR 系统各主要部件的作用；

2. 能够按照汽车维修操作要求完成 EGR 系统主要部件的拆装与检修。

知识拓展：EGR 系统检修操作注意事项

（1）起动发动机前检查挡位是否在 P 挡或空挡，并观察车辆前方及后方是否有人。

（2）起动发动机前应先通知协作人员及车辆附近的人员。

（3）避免接触发动机气缸体、气缸盖、冷却液管路及排气系统等高温部件，防止烫伤。

（4）避免接触发电机驱动轮、冷却液泵驱动轮等驱动部件，防止意外伤害。

（5）正确连接尾气排放装置，保证实训场地通风良好。

【任务学习】

▶ 理论引导

一、氮氧化物的生成与控制

1）氮氧化物的生成

发动机正常工作时，燃烧室的温度一般在 1 000 ℃ 以上。当温度接近 1 370 ℃ 时，燃烧室中的氧气和氮气在高温高压的条件下能够生成大量的 NO 和 NO_2。

2）氮氧化物的控制

氮氧化合物的生成条件是高温高压，破坏其生成条件就可以控制其生成量。汽车发动机广泛采用稀释混合气的方法降低燃烧室温度，从而控制氮氧化合物的生成量。废气进入烧室能够挤占可燃混合气的空间，减少混合气中氧气的含量，从而降低可燃混合气燃烧时产生的热量。同时，废气中的大量 CO_2 不能参与燃烧却能够吸收大量的热，使燃烧室的温度降低，从面降低氮氧化物的生成量。EGR 系统是通过利用废气稀释混合气的方法来控制氮氧化物的生成量。

二、EGR 系统作用与类型

EGR 系统通过与排气歧管和进气歧管相连，将一部分尾气重新引入到进气歧管中，再度参与燃烧，降低气缸的最高温度，从而减少氮氧化物的排放，如图 4-5-1 所示。

动画
EGR 系统原理

动画
EGR 系统

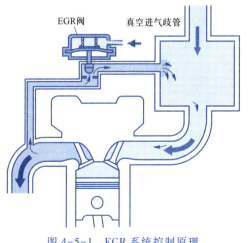

微课
EGR 系统

图 4-5-1　EGR 系统控制原理

按照 EGR 阀控制方式的不同，EGR 系统分为普通电子式与线性式等类型。

普通电子式 EGR 系统通过控制真空电磁阀来间接控制 EGR 系统的开启和关闭，如图 4-5-2 所示。当 ECU 控制打开 EGR 电磁阀时，真空连接 EGR 控制阀膜片室，在真空吸力作用下，膜片推杆带动 EGR 控制阀阀门离开阀座，废气进入进气歧管。

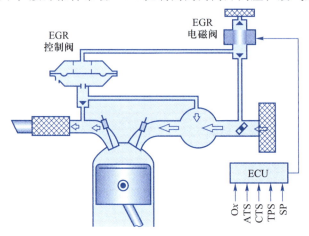

图 4-5-2　普通电子式 EGR 系统

线性式 EGR 系统将 EGR 控制阀、EGR 电磁阀与 EGR 阀位置传感器整合为一体的 EGR 阀，如图 4-5-3 所示。线性式 EGR 系统是由 ECU 控制 EGR 阀锥阀位置，调节废气进入进气歧管孔口的大小，精确地控制循环废气量，不再用进气真空调节。EGR 系统工作期间，EGR 阀位置传感器监测锥阀位置，反馈给 ECU。ECU 根据锥阀位置、冷却液温度、节气门位置和进气流量修正 EGR 阀锥阀的位置。

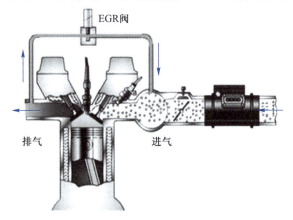

图 4-5-3　线性式 EGR 系统

三、EGR 系统组成

EGR 系统主要由 EGR 控制阀、EGR 电磁阀、EGR 阀位置传感器等元件组成。部分车型把 EGR 控制阀、EGR 电磁阀、EGR 阀位置传感器合为一体，如通用别克车型。

1. EGR 控制阀

EGR 控制阀主要由膜片室、膜片弹簧、锥阀、膜片推杆和废气通道组成，如图 4-5-4 所示。

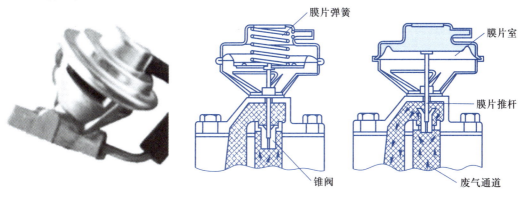

图 4-5-4　EGR 控制阀结构

EGR 系统工作时，EGR 电磁阀打开，进气管的真空经真空通道连接到 EGR 控制阀膜片室，吸引膜片、膜片推杆及锥阀一起向上移动，打开废气再循环通道；EGR 系统不工作时，EGR 电磁阀断电，关闭真空通道，打开大气口，大气进入 EGR 控制阀膜片室，膜片下移，关闭废气再循环通道。

2. EGR 电磁阀

EGR 电磁阀主要由阀体、阀芯、弹簧和电磁线圈等组成，如图 4-5-5 所示。

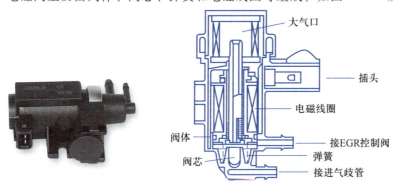

图 4-5-5　EGR 电磁阀结构

EGR 电磁阀通电时，通往大气的阀口关闭，进气歧管与 EGR 控制阀真空室相通；EGR 电磁阀不通电时，阀芯下移，真空通道被截断，此时通往大气的阀口开启，EGR 控制阀真空室与大气相通。

微课
EGR 系统主要零部件

3. EGR 位置传感器

EGR 位置传感器常与 EGR 控制阀、EGR 电磁阀合为一体，如图 4-5-6 所示。

EGR 位置传感器是一个电位计，位于 EGR 阀杆顶部，可以向 ECU 提供电压信号。当 EGR 阀锥阀升程提高，废气流量增加时，EGR 阀位置传感器向 ECU 反馈的信号电压随之变大；当 EGR 阀锥阀升程降低，废气流量减少时，EGR 阀位置传感器

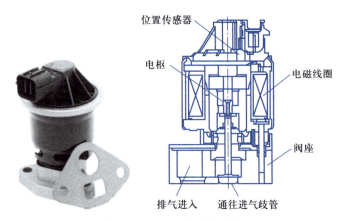

图 4-5-6   EGR 位置传感器

向 ECU 反馈的信号电压随之变小。

4. EGR 冷却器

有的大负荷发动机上增加了 EGR 冷却器，用于冷却循环的废气，如图 4-5-7 所示。

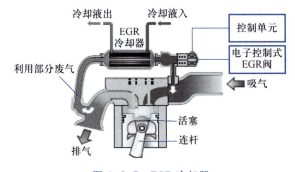

图 4-5-7   EGR 冷却器

四、EGR 系统工作过程

1. EGR 系统的控制要求

EGR 率为再循环的废气量与吸入气缸的进气总量之比，EGR 率的合理控制对 NO_x 的净化效果和整机排放极其重要。增加 EGR 率可以使 NO_x 排出物降低，但同时会使 HC 的排出物及燃油消耗量增加。因此，在不同工况采用的 EGR 率应对动力性、经济性和排放性能进行综合考虑。当 EGR 率小于 10% 时，燃油消耗量基本上不增加；当 EGR 率大于 20% 时，发动机燃烧不稳定，工作粗暴，HC 排放物将增加 10%。EGR 率一般控制在 10%~20% 范围内较合适。

2. EGR 系统工作过程

ECU 根据点火开关、曲轴位置传感器、节气门位置传感器和冷却液温度传感器等的输入信号，判定发动机运转工况，并对 EGR 电磁阀通电或断电。当 ECU 对 EGR 电磁阀通电时，EGR 电磁阀开启，使 EGR 控制阀打开，部分废气经废气再循环通道进入进气歧管。当 ECU 对 EGR 电磁阀断电时，EGR 电磁阀关闭，EGR 控制阀关闭，不进行废气再循环。

当发动机处于以下工况时取消废气再循环：起动状态；发动机温度低于 50 ℃；发动机在怠速工况；发动机低速、小负荷运转（转速低于 1 000 r/min）；发动机高速运转（转速高于 4 500 r/min）；急加速或急减速工况。

▶　**实践指导**

一、准备工作

（1）设备：发动机运行台架或装有汽油机的整车等。

（2）工具、量具：数字式万用表、手动真空泵、KT600 解码器、SATA 工具套件等。

（3）准备发动机维修手册。

（4）准备其他耗材。

二、EGR 系统检修工作过程

1. 目视检查

检查 EGR 系统真空管是否脱落或破损、管路接口是否松动漏气、垫片是否破损、安装螺钉是否松动、线束连接器连接是否良好等。

2. 就车检查

发动机预热完成后，踩下加速踏板，使发动机转速上升至 2 000 r/min 左右，此时手指应能感觉到 EGR 控制阀膜片的开启动作，同时 EGR 电磁阀也有动作。若 EGR 电磁阀与 EGR 控制阀都不动作，则检测 EGR 电磁阀及其线路；若 EGR 电磁阀动作而 EGR 控制阀没有动作，则要检查 EGR 控制阀。

3. EGR 电磁阀检查

（1）检测供电电压。在发动机热车后再踩下加速踏板，使发动机转速上升至 2 000 r/min 左右，用万用表检测 EGR 电磁阀线束插头供电端子电压，应为 12 V 左右。

（2）检测线圈阻值。将点火开关置于 OFF 挡，拔下 EGR 电磁阀线束插接器，用万用表欧姆挡测量 EGR 电磁阀电磁线圈的电阻，应为 20~50 Ω；否则应更换 EGR 电磁阀。

（3）通气检测。拔下与 EGR 电磁阀相连的各真空管，从发动机上拆下 EGR 电磁阀。在 EGR 电磁阀的电磁线圈不接电源时检查各管口之间是否通气。

4. EGR 控制阀检查

起动发动机，怠速运转，拔下 EGR 控制阀与 EGR 电磁阀真空软管。用手动真空泵对 EGR 控制阀真空室施加 19.95 kPa 的真空度。若发动机怠速工况变坏甚至熄火，说明 EGR 控制阀工作正常；若发动机运转情况无变化，则 EGR 控制阀可能卡滞或损坏，应清洗或更换。

5. EGR 位置传感器检查

（1）检测供电电压。用万用表检测 EGR 位置传感器线束插头供电端子电压，应为 5 V 左右。

（2）检测信号电压。起动发动机，怠速运转，用万用表检测 EGR 位置传感器线束插头信号端子电压，输出电压应为 0.14~1.0 V；然后踩下加速踏板，使发动机转速上升至 2 500 r/min 左右，输出电压应为 1.0~5.0 V。

（3）检测信号波形。按照图 4-5-8 所示，连接好设备，打开 KT600 电源开关，进入废气再循环系统；起动发动机，慢慢增加发动机转速再减速，屏幕将会显示波形。

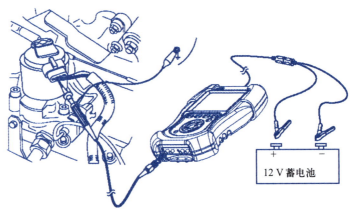

12 V 蓄电池

图 4-5-8　EGR 位置传感器波形检测

【任务实施】

一、查询并记录发动机信息

发动机型号		发动机排量	

二、按照维修手册技术要求检修 EGR 系统

1. EGR 系统目视检查与就车检查，并记录相关检查结果。

目视检查结果	
就车检查结果	

2. 检测 EGR 电磁阀，并进行判定分析。

检查项目	供电电压	线圈阻值	通气检测
检查结果			
判　定	□正常　□异常	□正常　□异常	□正常　□异常

3. 检测 EGR 位置传感器，并进行判定分析。

检查项目	供电电压	怠速信号电压	高转速信号电压
检查结果			
判　定	□正常　□异常	□正常　□异常	□正常　□异常

4. 检测 EGR 位置传感器信号波形，并绘制信号波形。

检测操作流程	信号波形图

5. 简述 EGR 控制阀的检查判定方法。

【任务评价】

序号	评分项目	评分标准	配分	得分
一	安全作业	1. 能进行设备和工具安全检查（6分） □1.1 检查作业所需的工具设备是否完备（2分） □1.2 检查作业环境是否配备灭火器（2分） □1.3 检查驻车制动器是否拉起（2分） 2. 能进行车辆安全防护操作（6分） □2.1 正确安装车辆绝缘翼子板布和格栅垫（2分） □2.2 正确安装车内四件套（2分） □2.3 正确安装车轮挡块（2分） 3. 能进行"三不落地"操作（3分） □3.1 作业过程中做到油液不落地（1分） □3.2 作业过程中做到工具不落地（1分） □3.3 作业过程中做到零件不落地（1分）	15分	

续表

序号	评分项目	评分标准	配分	得分
二	资料查询	□1. 能查询发动机型号、排量等信息，每缺 1 项扣 1 分（4 分） □2. 能正确记录零部件参数标准值、拧紧力矩等维修信息，每缺 1 项扣 1 分（6 分）	10 分	
三	技能操作	1. EGR 系统的检查（15 分） □1.1 能够有效判定 EGR 系统各组成部分连接关系（5 分） □1.2 能够有效完成 EGR 系统管路与连接线束检查（5 分） □1.3 能够就车完成 EGR 电磁阀与 EGR 控制阀工作状态判定（5 分） 2. EGR 电磁阀检查（15 分） □2.1 检测 EGR 电磁阀供电电压（5 分） □2.2 检测 EGR 电磁阀线圈阻值（5 分） □2.3 检测 EGR 电磁阀通气情况（5 分） 3. EGR 位置传感器检查（20 分） □3.1 检测 EGR 位置传感器供电电压（5 分） □3.2 检测 EGR 位置传感器信号电（5 分） □3.3 检测 EGR 位置传感器信号波形（5 分） □3.4 根据检测结果，对 EGR 位置传感器给予准确的判定（5 分） 4. EGR 控制阀检查（10 分） □4.1 EGR 控制阀连接管路拆装（5 分） □4.2 EGR 控制阀工作状态判定分析（5 分）	60 分	
四	维修判定	□ 能对检测结果进行正确的判定分析，每误判 1 项扣 2 分（10 分）	10 分	
五	工单填写	□1. 工单填写字迹工整（2 分） □2. 工单填写语句通顺（3 分）	5 分	
合计			100 分	

任务六 ▶▶▶

曲轴箱强制通风系统构造与检修

【任务引入】

由于发动机运行过程中会有部分混合气或废气泄漏到曲轴箱中，将会加速曲轴箱内润滑油的变质，同时产生的湿气、污泥和酸性物质将会损坏发动机的机械部件。此外，废气也会导致曲轴箱内出现压力积聚，从而引起油封漏油等故障现象。因此，现代车辆都配置了曲轴箱强制通风系统。当曲轴箱强制通风系统出现泄漏或堵塞将会引起发动机怠速抖动、机油消耗量增加、曲轴箱油封漏油等故障现象。

【任务目标】

素质目标

1. 树立牢固的安全意识、规范意识、质量意识、责任意识；

2. 磨砺吃苦耐劳的意志品质，锤炼严谨细致的工作作风，弘扬爱岗敬业的职业精神。

知识目标

1. 熟悉曲轴箱强制通风系统作用；

2. 掌握曲轴箱强制通风系统组成；

3. 理解曲轴箱强制通风系统工作过程。

能力目标

1. 能够正确描述曲轴箱强制通风系统各主要部件的作用；

2. 能够按照汽车维修操作要求完成曲轴箱强制通风系统主要部件的拆装与检修。

知识拓展：曲轴箱强制通风系统检修操作注意事项

（1）正确连接尾气排放装置，保证实训场地通风良好。

（2）起动发动机前检查挡位是否在 P 挡或空挡，并观察车辆前方及后方是否有人。

（3）起动发动机前应先通知协作人员及车辆附近的人员。

（4）避免接触发动机气缸体、气缸盖、冷却液管路及排气系统等高温部件，防止烫伤。

（5）避免接触发电机驱动轮、水泵驱动轮等驱动部件，防止意外伤害。

【任务学习】

▶ 理论引导

一、曲轴箱强制通风系统作用

微课
曲轴箱强制
通风系统

曲轴箱强制通风系统的作用是将曲轴箱内的可燃混合气送回进气管，进入气缸燃烧，如图 4-6-1 所示，防止曲轴箱压力过高、发动机漏油，延长润滑油使用周期，减少零件磨损和腐蚀，提高燃油经济性，降低排放污染。

🔔 **知识提示：** 活塞在气缸内做循环往复运动时，无论哪种活塞环都不能完全将燃烧室与曲轴箱分离开来。在发动机运行时，总有一小部分气体从燃烧室内部经活塞环进入曲轴箱，这部分气体称为曲轴箱窜气。曲轴箱窜气包含没有完全燃烧的碳氢化合物和部分燃烧产物。

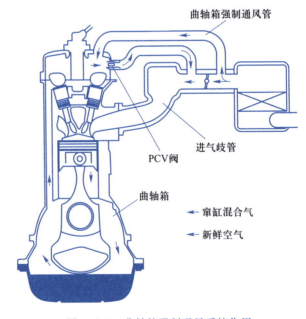

图 4-6-1　曲轴箱强制通风系统作用

二、曲轴箱强制通风系统组成

曲轴箱强制通风系统又称 PCV（ Positive Crankcase Ventilation）系统，主要由呼吸管、油气分离器、PCV 阀、PCV 管等组成，如图 4-6-2 所示。

1. 呼吸管

呼吸管也称为新鲜空气补给管，用于把新鲜空气引入发动机曲轴箱。呼吸管位于空气滤清器后方，有些呼吸管管路上还装配有加热装置，预防冬季结冰，如上汽通用 LU1.6T 发动机。

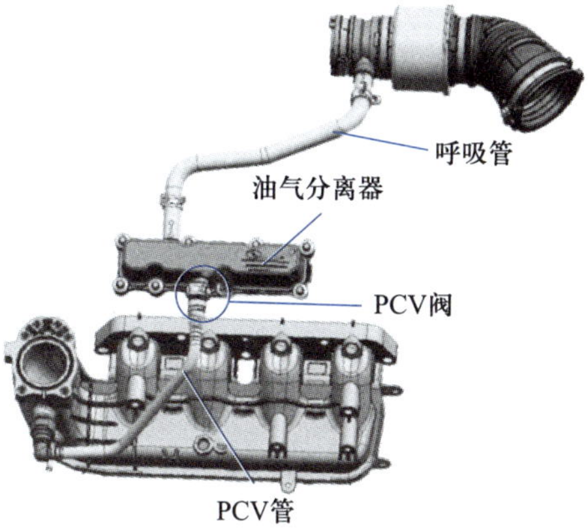

图 4-6-2　曲轴箱强制通风系统组成

2. 油气分离器

油气分离器的作用是将曲轴箱窜气中的润滑油蒸汽分离出来，流回油底壳，防止润滑油消耗过大。油气分离器可以安装在气门室盖上，也可以安装在气门室盖外面的管路中。

3. PCV 阀

PCV 阀的作用是根据发动机工况的变化自动调节进入气缸的曲轴箱混合气的流量，通常安装在气门室或进气管上。PCV 阀是曲轴箱强制通风系统中的核心部件，发动机结构与排量不同，其 PCV 阀的流量也不同。进行 PCV 阀更换时，应根据发动机要求选择不同的型号。

PCV 阀包括阀芯阀体、弹簧和上下两个阀座。阀芯呈圆锥形，上细下粗，可以在阀体内移动。弹簧固定在阀体内部上端，在自由状态下将阀芯压在下阀座上。

4. PCV 管

PCV 管的作用是将曲轴箱窜气和新鲜空气的混合气经 PCV 阀送入进气歧管。有些发动机把 PCV 阀和该管路集成在歧管总成上，如上海通用 LE5 发动机的节流孔，相当于管路和阀门集成在歧管总成上。

三、曲轴箱强制通风系统工作过程

曲轴箱强制通风系统在进气歧管与曲轴箱之间加装一个带有 PCV 阀的通风管。曲轴箱内气体在进气真空作用下，通过 PCV 阀被吸入进气系统中与新鲜空气一起进入燃烧室燃烧，如图 4-6-3 所示。

动画
曲轴箱通风原理

曲轴箱强制通风系统通过 PCV 阀，根据进气歧管真空度的大小来调节曲轴箱窜气的流量。

1）发动机停机时

当发动机停机时，进气歧管真空度为零，弹簧将锥形阀芯压在下阀座上，关闭曲轴箱与进气歧管的通路，阀芯位置如图 4-6-4（a）所示。

2）怠速或减速工况

当发动机怠速或减速时，进气歧管内部真空度较高，真空吸力克服弹簧弹力将

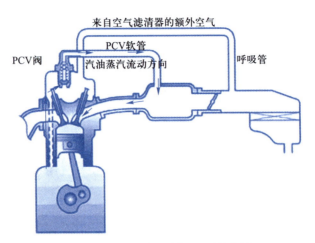

图 4-6-3　曲轴箱强制通风系统作用

阀芯拉向上阀座一端，同时阀芯离开下阀座，窜气由气门室盖的出气口进入 PCV 阀，并经过阀芯与上阀座之间狭小的缝隙进入进气歧管。此时曲轴箱窜气流量较小，阀芯位置如图 4-6-4（b）所示。

3）中负荷工况

当发动机在中负荷工况运行时，进气歧管真空度相对于怠速状态时减少许多，在真空吸力与弹簧弹力的相互作用下，阀芯与上阀座之间的距离变大。此时空气流通截面积增大，曲轴箱通风量增大，阀芯位置如图 4-6-4（c）所示。

4）大负荷工况

当发动机在大负荷工况运行时，进气歧管真空吸力减小，PCV 阀左移但未关闭。此时 PCV 阀的流通面积最大，通风量最大，阀芯位置如图 4-6-4（d）所示。

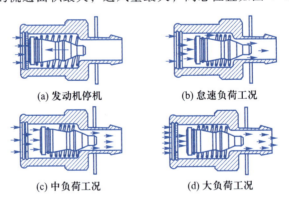

(a) 发动机停机　　　　　(b) 怠速负荷工况

(c) 中负荷工况　　　　　(d) 大负荷工况

图 4-6-4　曲轴箱强制通风系统工作过程

▶　**实践指导**

一、准备工作

（1）设备：发动机运行台架或装有汽油机的整车等。

（2）工量具：真空表、SATA工具套件等。

（3）准备发动机维修手册。

（4）准备其他耗材。

二、曲轴箱强制通风系统检修工作过程（1+X 中级 1-1 模块）

1. 目视检查

检查曲轴箱强制通风系统软管是否脱落或破损、管路接口是否松动漏气。若存在损坏、老化现象，应及时更换软管。

2. 就车检查

1）真空检测

利用真空表在润滑油尺处测试曲轴箱真空度，判断 PCV 系统工作是否正常。

（1）拆下润滑油加注孔盖并堵塞；

（2）拔出润滑油尺，在润滑油尺位置连接一个真空表；

（3）起动发动机，分别在发动机怠速和 2 500 r/min 时观察真空表读数。

发动机由怠速调整到 2 500 r/min 时，真空值应明显变化。否则，应检查曲轴箱强制通风系统是否出现堵塞或有其他故障。

2）PCV 阀吸力测试

（1）拆下 PCV 阀，保持其与进气歧管之间的管路连接；

（2）打开点火开关，使发动机怠速运转；

（3）用手指靠近 PCV 阀底部进气口，应该感觉到明显的真空吸力。

若不符合，应检查 PCV 阀及其管路是否出现堵塞。

3. PCV 阀检查

将 PCV 阀拿在手里摇动，察听其是否能出现"咔嗒"的声响。若未出现声响，PCV 阀可能失效，应对 PCV 阀进行吹气检查。空气通过 PCV 阀时，应有很大阻力，若阻力过小，则需更换新 PCV 阀。若出现了"咔嗒"声响，证明 PCV 阀工作正常。PCV 阀内部弹簧在发动机冷热机循环时会产生一定老化，从而变软，使声音更容易发出。

【任务实施】

一、查询并记录发动机信息

发动机型号		发动机排量	

二、按照维修手册技术要求检修曲轴箱强制通风系统

1. 曲轴箱强制通风系统目视检查，并记录相关检查结果。

目视检查结果	

2. 检测曲轴箱强制通风系统真空度，并进行判定分析。

检查项目	怠速时真空度	2 500 r/min 时真空度
检查结果		
判　　定	□正常　□异常	

3. 检查 PCV 阀，并进行判定分析。

检查方法	
检查结果	

4. 简述曲轴箱强制通风系统的组成及工作过程。

【任务评价】

序号	评分项目	评分标准	配分	得分
一	安全作业	1. 能进行设备和工具安全检查（6分） □1.1 检查作业所需的工具设备是否完备（2分） □1.2 检查作业环境是否配备灭火器（2分） □1.3 检查驻车制动器是否拉起（2分） 2. 能进行车辆安全防护操作（6分） □2.1 正确安装车辆绝缘翼子板布和格栅垫（2分） □2.2 正确安装车内四件套（2分） □2.3 正确安装车轮挡块（2分） 3. 能进行"三不落地"操作（3分） □3.1 作业过程中做到油液不落地（1分） □3.2 作业过程中做到工具不落地（1分） □3.3 作业过程中做到零件不落地（1分）	15分	
二	资料查询	□1. 能查询发动机型号、排量等信息，每缺1项扣1分（4分） □2. 能正确记录零部件参数标准值、拧紧力矩等维修信息，每缺1项扣1分（6分）	10分	

续表

序号	评分项目	评分标准	配分	得分
三	技能操作	1. 曲轴箱强制通风系统的检查（20分） □1.1 曲轴箱强制通风系统各组成部分安装位置判定（5分） □1.2 曲轴箱强制通风系统管路工作性能判定（5分） □1.3 曲轴箱强制通风系统管路连接状态判定（10分） 2. 曲轴箱强制通风系统真空度检测（15分） □2.1 规范安装、连接真空表（5分） □2.2 按照规定工况要求，正确检查真空度（5分） □2.3 根据检测结果，对曲轴箱强制通风系统工作状况给予准确的判定（10分） 3. PCV阀检查（20分） □3.1 能够实车进行PCV阀吸力测试（5分） □3.2 能够规范完成PCV阀拆装（5分） □3.3 根据检测结果，对PCV阀工作状况给予准确的判定（10分）	60分	
四	维修判定	□ 能对检测结果进行正确的判定分析，每误判1项扣2分（10分）	10分	
五	工单填写	□1. 工单填写字迹工整（2分） □2. 工单填写语句通顺（3分）	5分	
合计			100分	

项目五 >>>

··

润滑系统构造与检修

项目描述

　　发动机工作时，相对运动的零件表面之间必然会产生摩擦。为了减轻磨损，减小摩擦阻力，保证发动机的正常工作，应对相对运动的零部件表面加以润滑。发动机的润滑是由润滑系统来实现的。润滑系统是发动机的重要辅助系统之一，润滑系统工作的可靠性直接影响发动机的使用性能和寿命。

　　本项目主要介绍润滑系统的结构组成、工作过程、系统检修等知识及技能。通过本项目的学习应掌握润滑系统的检修要点、操作流程及规范要求，为后期维修操作夯实技能基础。

任务一 ▶▶▶

润滑系统构造与主要零部件检修

【任务引入】

　　润滑系统是发动机的重要组成部分，它将润滑油有效的输送到发动机各润滑点，减小摩擦阻力，降低功率消耗，减轻机件磨损，提高发动机工作可靠性和耐久性。若润滑系统工作不良，机件的使用寿命将会大大缩短，发动机的工作状态会受到很大影响。润滑系统工作过程是如何完成的？润滑系统主要零部件检修包含哪些工作内容？

【任务目标】

素质目标

1. 树立牢固的安全意识、规范意识、质量意识、责任意识；

2. 磨砺吃苦耐劳的意志品质，锤炼严谨细致的工作作风，弘扬爱岗敬业的职业精神。

知识目标

1. 熟悉润滑系统的润滑方式；

2. 掌握润滑系统的功用与组成；

3. 掌握润滑系统主要零部件的检修方法。

能力目标

1. 能够按照汽车维修操作要求完成润滑系统主要零部件的检测；

2. 能够按照汽车维修操作要求规范并熟练地完成润滑系统部件安装。

知识拓展：润滑系统检修操作注意事项

　　（1）保持地面整洁、干净，防止地面湿滑造成人员滑倒摔伤。

　　（2）工具及零部件轻拿轻放、摆放整齐，搬运过程中要防止零部件跌落造成人员意外伤害。

（3）佩戴安全防护眼睛，防止油液飞溅伤害眼睛。

（4）拆卸过程中禁止野蛮操作，以防发生安全事故。

【任务学习】

▶ 理论引导

一、润滑系统的功用

发动机润滑系统的功用是当发动机工作时连续不断地把足够数量的洁净润滑油输送到传动件摩擦表面，并在摩擦表面之间形成油膜，减轻零件的摩擦，减少动力消耗和零件磨损。润滑系统如图 5-1-1 所示。

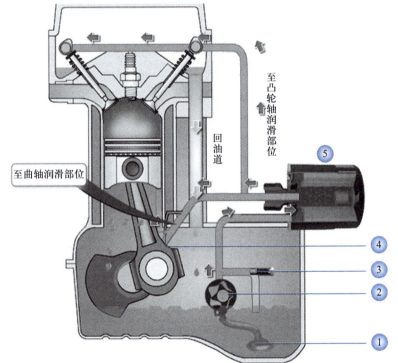

图 5-1-1　润滑系统

1 集滤器
2 机油泵
3 限压阀
4 机油喷嘴
5 机油滤清器

二、润滑系统的润滑方式

发动机的润滑方式有三种：压力润滑、飞溅润滑和润滑脂润滑。一般汽车发动机同时采用两种以上的润滑方式。

（1）压力润滑。压力润滑利用机油泵，将具有一定压力的润滑油源源不断地送到零件摩擦表面间隙中，形成具有一定厚度并能承受一定机械负荷的油膜，主要应用于负荷大、运动速度高的零部件，如曲轴主轴承、连杆轴承及凸轮轴轴承等处。

（2）飞溅润滑。飞溅润滑利用发动机工作时运动零件飞溅起来的油滴或油雾润滑摩擦表面，主要应用于裸露在外面承受载荷较轻的零件，如气缸壁；相对滑动速度较小的零件，如活塞销、凸轮、挺柱。

（3）润滑脂润滑。对一些不太重要、分散的部位，可采用定期加入润滑脂的方式进行润滑，其主要应用于发动机辅助零件，如水泵、发电机、起动机的轴承。

三、润滑系统的组成

现代汽车发动机润滑系统的组成及油路布置方式大致相似，只是由于润滑系统的工作条件和发动机机体结构的不同而稍有差别。发动机润滑系统主要由油底壳、集滤器、机油泵、机油滤清器、主油道等组成，如图 5-1-2 所示。

视频
润滑系统组成

微课
润滑系统主要零部件

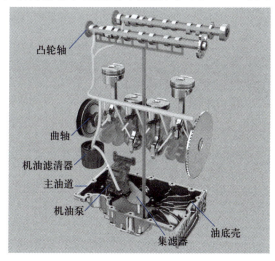

图 5-1-2 润滑系统的组成

视频
机油泵类型

1. 机油泵

作用：提高润滑系统润滑油压力，使润滑油在润滑系统内循环流动，保证发动机在任何转速下都能把润滑油送达各运动件的摩擦表面。

分类：按其结构可分为齿轮式和转子式，齿轮式机油泵又分为内啮合齿轮式和外啮合齿轮式。

（1）外啮合齿轮式机油泵如图 5-1-3 所示。它由两个相同的齿轮及泵壳组成，形成两个腔，分别是吸油腔和压油腔。在吸油腔内，主动齿轮和从动齿轮逐渐脱离啮合，吸油腔容积增大，润滑油被吸入吸油腔，并由齿轮与泵壳的齿隙带入压油腔；在压油腔内主动齿轮和从动齿轮逐渐进入啮合，压油腔容积减小，润滑油被排向润滑油道。

视频
齿轮式机油泵工作原理

视频
转子式机油泵工作原理

（2）内啮合齿轮式机油泵如图 5-1-4 所示，由主动齿轮、从动齿圈、月牙块、泵体等组成，工作过程与外啮合齿轮式机油泵相似。当齿轮上的各齿朝脱离的方向运转时，产生真空，润滑油被吸入，而当齿轮各齿朝啮合的方向运转时，润滑油从轮齿的凹槽中压出，实现增压泵油。

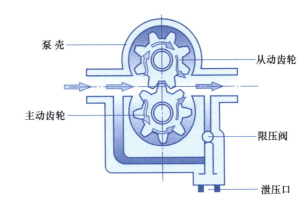

图 5-1-3　外啮合齿轮式机油泵

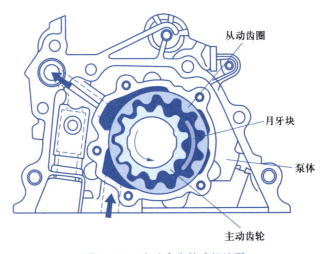

图 5-1-4　内啮合齿轮式机油泵

（3）转子式机油泵如图 5-1-5 所示，由内转子、外转子和泵壳等组成。转子式机油泵的内转子与泵壳偏心安装，由主动轴驱动，外转子在机油泵壳体内可自由转动。内转子带动外转子旋转时，内、外转子之间密闭空间容积发生变化，从而实现吸油与泵油。

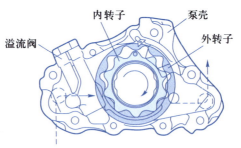

图 5-1-5　转子式机油泵

微课
集滤器工作
原理

2. 集滤器

作用：防止较大的机械杂质进入机油泵。集滤器安装在机油泵进油孔之前，一般都是金属滤网式，其外形如图 5-1-6 所示。

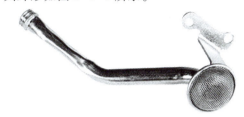

图 5-1-6 集滤器外形

3. 机油滤清器

作用：保证润滑油的清洁度，滤除润滑油中的金属磨屑、机械杂质和润滑油氧化物。

分类：机油滤清器按过滤能力可分为粗滤器和细滤器。

（1）粗滤器。粗滤器外形如图 5-1-7 所示，属于全流式滤清器，串联安装于机油泵出油孔与主油道之间，可滤掉润滑油中粒度较大的杂质。

（2）细滤器。细滤器外形如图 5-1-8 所示，属于分流式滤清器，过滤能力强，但流动阻力也大，与主油道并联安装，过滤后的润滑油直接流回油底壳。

视频
机油滤清器
结构

视频
机油滤清器
工作原理

图 5-1-7 粗滤器外形　　图 5-1-8 细滤器外形

4. 机油散热器

作用：热负荷较大的发动机，装有机油散热器以便对润滑油进行强制性冷却。

分类：分为风冷式和水冷式 2 种形式，如图 5-1-9 所示。

视频
机油散热器
分类

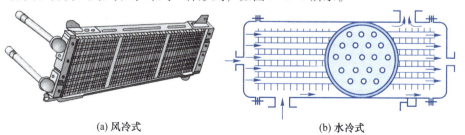

(a) 风冷式　　　　　　　　(b) 水冷式

图 5-1-9 机油散热器

（1）风冷式机油散热器一般安装在发动机冷却系散热器的前面，利用冷却风扇的风力使润滑油冷却。

（2）水冷式机油散热器装在发动机冷却液路中，当油温较高时靠冷却液降温，而起动期间油温较低时，从冷却液吸热迅速提高润滑油温度。

5. 限压阀

动画
限压阀工作原理

作用：用于限制润滑系统中润滑油的最高压力，确保润滑系统工作安全，一般设置在机油泵与主油道间。限压阀工作过程如图 5-1-10 所示。

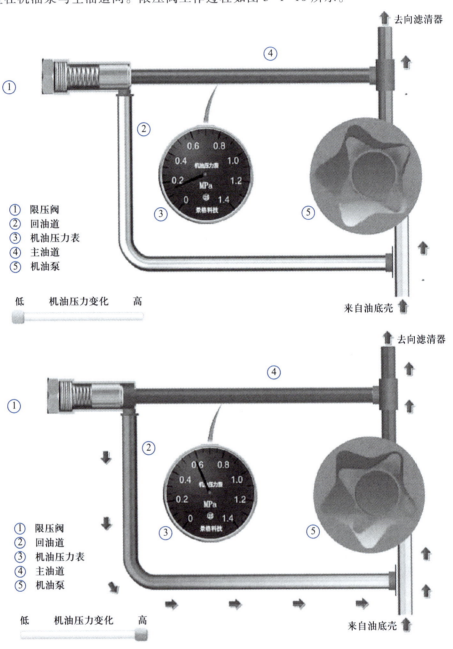

图 5-1-10　限压阀工作过程

6. 安全阀

作用：当滤芯严重堵塞时，安全阀开启，润滑油不经过滤芯过滤直接进入主油道，防止润滑油断供现象的发生，一般装在粗滤器上。安全阀工作过程如图 5-1-11 所示。

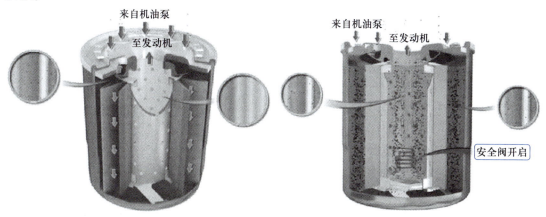

图 5-1-11　安全阀工作过程

7. 机油压力传感器

作用：机油压力传感器外形如图 5-1-12 所示，对发动机的机油压力进行检测，并将检测的数据传输给发动机控制单元控制发动机的正常运转。

图 5-1-12　机油压力传感器外形

▶　**实践指导**

一、准备工作

（1）设备：齿轮式机油泵、转子式机油泵、机油压力传感器、发动机台架等。
（2）工量具：塞尺、钢直尺、V. A. G 1342 检测仪等。
（3）准备发动机维修手册。
（4）准备其他耗材。

二、润滑系统主要零部件的检修

1．齿轮式机油泵的检修

（1）目视检查泵体与泵盖，若有裂纹应更换新件。

（2）检测主、从动齿轮啮合间隙。如图 5-1-13（a）所示，用塞尺在互成 120°处分三点测量，啮合间隙一般为 0.05~0.25 mm，若间隙超过规定范围应更换新件。

（3）检测齿轮与泵壳的间隙。如图 5-1-13（b）所示，用塞尺测量，若间隙超过 0.3 mm 应换新件。

（4）检测齿轮与泵壳之间的端面间隙。如图 5-1-13（c）所示，将钢直尺直边紧靠在带齿轮的泵壳端面上，将塞尺插入缝隙进行测量，一般为 0.05~0.25 mm，如间隙不符合要求，可增减垫片或磨削泵壳与结合面。

(a) 主、从动齿轮啮合间隙检测　　(b) 齿轮与泵壳间隙检测　　(c) 齿轮端面检测

图 5-1-13　齿轮式机油泵的检测

2．转子式机油泵的检修

（1）检测内、外转子的齿顶间隙。如图 5-1-14（a）所示，用塞尺测量内、外转子齿顶间隙，若超过极限值，则应更换整套转子。

（2）检测端面间隙。如图 5-1-14（b）所示，用塞尺和钢直尺测量转子和端面的间隙，如超过极限值，则应更换整套转子，必要时应更换机油泵组件。

（3）检测外转子与泵壳之间的间隙。如图 5-1-14（c）所示，用塞尺测量外转子和泵壳的间隙，若超过极限值，则应更换整套转子，必要时换机油泵组件。

(a) 内、外转子齿顶间隙检测　　(b) 转子和端面间隙检测　　(c) 外转子与泵壳间隙检测

图 5-1-14　转子式机油泵的检测

3．限压阀的检修

（1）检查限压阀弹簧有无损伤、弹力是否减弱，必要时更换限压阀。

（2）检查限压阀配合是否良好、油道是否堵塞、滑动表面有无损伤，必要时更换限压阀。

4. 机油压力传感器的检查

机油压力传感器功能的检查如图 5-1-15 所示，操作步骤如下。

（1）将机油压力开关旋入机油压力检测装置 V.A.G 1342 中。

（2）将检测装置取代机油压力开关旋入气缸盖。

（3）将检测装置棕色导线接地。

（4）将二极管检测指示灯用辅助导线连接到蓄电池正极和油压开关上，如果发光二极管亮起，应更换机油压力传感器。

（5）如果发光二极管不亮，起动发动机并慢慢提高转速。在 0.3~0.7 bar 压力时发光二极管应亮起；否则更换机油压力传感器。

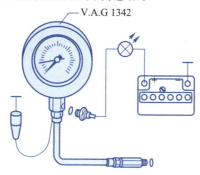

图 5-1-15　机油压力传感器的检查

三、润滑系统主要零部件的安装

1. 安装机油泵与前油封盖总成

（1）安装密封垫。注意密封垫的方向，对准气缸体上的定位销与密封垫上的定位孔，将密封垫安放在曲轴前端位置。

（2）调整机油泵内转子位置，使其对应曲轴前端缺口标记，如图 5-1-16 所示，安装机油泵与前油封盖总成。

微课

润滑系统零部件的安装

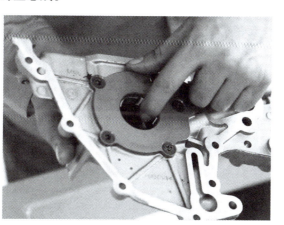

图 5-1-16　调整机油泵内转子位置

（3）旋入各紧固螺栓，再用套筒扳手预紧。

（4）使用扭力扳手，设定拧紧力矩为 10 N·m，将各螺栓拧紧至规定力矩。

2. 安装油底壳挡油板与集滤器

（1）将发动机气缸体翻转 180°，安装油底壳挡油板，如图 5-1-17 所示。

（2）安放集滤器，用手旋入紧固螺栓，再使用套筒扳手拧紧，如图 5-1-18 所示。

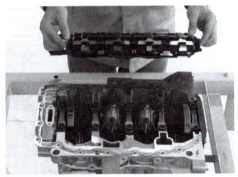

图 5-1-17　安装挡油板　　　　　　图 5-1-18　安装集滤器

3. 安装油底壳

（1）安装前，将原有胶体铲除，并将油底壳安装面与气缸体下端面擦拭干净。

（2）沿着气缸体与油底壳结合面涂抹密封胶，如图 5-1-19 所示。注意密封胶涂抹完成后应在规定时间内完成油底壳的安放，以免影响密封胶的黏合性能。

（3）对准气缸体上的定位销，将油底壳安放到位，依次放入各连接螺栓，使用套筒扳手将各连接螺栓预紧，如图 5-1-20 所示。注意：油底壳是大型薄壁零件，在拧紧时应受力均匀。

（4）使用扭力扳手，设定拧紧力矩为 9 N·m，交叉拧紧各紧固螺栓至规定力矩。

图 5-1-19　油底壳结合面涂抹密封胶　　　　图 5-1-20　安装油底壳

4. 安装机油滤清器

（1）安放机油滤清器的密封圈。

（2）在机油滤清器与密封圈的结合面上抹上润滑油，再旋上机油滤清器总成。

5．安装放油螺塞

（1）在安装放油螺塞前，应将油底壳放油口清洁干净。

（2）将放油螺塞对准安装座孔拧入，注意检查密封垫片是否遗漏。

（3）使用扭力扳手，设定拧紧力矩为 60 N·m，将放油螺塞拧紧至规定力矩。

【任务实施】

一、查询并记录技术参数

1．查询并记录机油泵各零部件间隙的极限值。

机油泵类型	啮合间隙	与泵体间隙	与泵盖端面间隙
齿轮式机油泵			
转子式机油泵			

2．查询并记录润滑系统各零部件的拧紧力矩。

机油泵端盖螺栓		集滤器连接螺栓	
机油滤清器		油底壳连接螺栓	

二、按照维修手册标准流程拆装和检查润滑系统主要零部件

1．测量机油泵各零部件的间隙，对照极限值，进行机油泵维修判定。

机油泵类型	啮合间隙	与泵体间隙	与泵盖端面间隙	结论
齿轮式机油泵				□正常□更换
转子式机油泵				□正常□更换

2．检测机油压力传感器，对照工作要求，进行机油压力传感器维修判定。

操作流程	
结　论	□正常　　　□更换

3．描述润滑系统各部件具体装配顺序与装配注意事项。

步骤	操作内容	注意事项

【任务评价】

序号	评分项目	评分标准	配分	得分
一	安全作业	1. 能进行设备和工具安全检查（6分） □1.1 检查作业所需的工具设备是否完备（2分） □1.2 检查作业环境是否配备灭火器（2分） □1.3 检查驻车制动器是否拉起（2分） 2. 能进行车辆安全防护操作（6分） □2.1 正确安装车辆绝缘翼子板布和格栅垫（2分） □2.2 正确安装车内四件套（2分） □2.3 正确安装车轮挡块（2分） 3. 能进行"三不落地"操作（3分） □3.1 作业过程中做到油液不落地（1分） □3.2 作业过程中做到工具不落地（1分） □3.3 作业过程中做到零件不落地（1分）	15分	
二	资料查询	□1. 能查询发动机型号、排量等信息，每缺1项扣1分（4分） □2. 能正确记录零部件参数标准值、拧紧力矩等维修信息，每缺1项扣1分（6分）	10分	
三	技能操作	1. 机油泵的检测（20分） □1.1 正确选取检测位置（5分） □1.2 规范使用相关检测量具（5分） □1.3 根据检测结果，对机油泵工作情况给予正确的维修判定（10分） 2. 机油压力传感器的检查（20分） □2.1 正确选取检测位置（5分） □2.2 规范使用相关检测仪器设备（10分） □2.3 按照检测要求，正确起动、运行车辆（5分） 3. 润滑系统的部件安装（20分） □3.1 装配完整，无零件漏装、错装（5分） □3.2 按照技术手册要求，有效调整机油泵的安装位置（5分） □3.3 按照技术手册规定力矩，有效紧固润滑系统相关零部件（10分）	60分	
四	维修判定	□ 能对检测结果进行正确的判定分析，每误判1项扣2分（10分）	10分	
五	工单填写	□1. 工单填写字迹工整（2分） □2. 工单填写语句通顺（3分）	5分	
合计			100分	

任务二 ⋙

机油滤清器与润滑油更换

【任务引入】

随着发动机工作时间的累积，润滑油中的胶质、金属磨屑等杂质不断增加，润滑油使用性能不断下降，因此需要定期更换润滑油和机油滤清器。在汽车维修工作中，发动机润滑油更换是最基本的工作项目之一，是维修工作人员必须掌握的一项专业技能。发动机润滑油应该如何选用？润滑油与机油滤清器更换的工作流程是如何进行的？

【任务目标】

素质目标

1. 树立牢固的安全意识、规范意识、质量意识、责任意识；

2. 磨砺吃苦耐劳的意志品质，锤炼严谨细致的工作作风，弘扬爱岗敬业的职业精神。

知识目标

1. 熟悉润滑油的作用；

2. 理解润滑油的分类等级；

3. 掌握润滑油选用与更换的方法。

能力目标

1. 能够按照汽车维修操作要求完成润滑油的检查；

2. 能够按照汽车维修操作要求规范并熟练地完成润滑油及机油滤清器更换。

知识拓展：车下工作安全规则

（1）正在维修的汽车，应挂"正在维修"的牌子。如不是维修制动系统，应拉紧驻车制动器并用三角木垫好车轮。

（2）用千斤顶顶起车辆进行底盘作业时，千斤顶要放平稳，人应在车的外侧位置，并应事先准备好架车工具（如架车凳子），严禁用砖头等易碎物品垫车，同时严禁单纯用千斤顶顶起车辆在车底作业。

（3）不能在用千斤顶顶起的已卸去车轮的汽车下工作。用千斤顶放下汽车时，打开液压开关动作要慢，打开前应观察周围是否有障碍物。

（4）在调试发动机时，不得在车下工作。

【任务学习】

▶ 理论引导

视频
润滑系统的
油路分析

一、润滑油的作用

润滑油，即常说的机油，能对发动机起到润滑减磨、辅助冷却降温、密封防漏、防锈防蚀、减振缓冲等作用，被誉为汽车的"血液"。

（1）润滑作用。润滑油可使发动机内部运动零件表面之间的干摩擦变为液体摩擦，减少零件表面的摩擦、磨损和功率损失。

（2）冷却作用。润滑油流经摩擦表面，带走摩擦副产生的 6%～14% 的热量，维持零件正常工作温度。

（3）清洁作用。通过润滑油的循环流动冲洗零件表面，带走摩擦副之间的磨屑或其他杂质。

（4）密封作用。利用润滑油的黏性，使其附着在相互运动零件的表面形成油膜，起到密封作用。

（5）防锈作用。附着在零件表面的润滑油避免了零件与水、空气、燃气等的直接接触，起到防止或减轻零件锈蚀和化学腐蚀的作用。

（6）液压作用。润滑油可用作液压油，如用于液压挺柱。

（7）缓冲作用。在运动零件表面形成油膜，可以吸收冲击并减少振动，起减振和缓冲作用。

二、润滑油的分类

国际上，润滑油的分类广泛采用美国汽车工程师学会（SAE）黏度分类法和美国石油学会（API）使用性能分类法。

视频
润滑油分类

SAE 按照不同的黏度等级，将润滑油分为冬季用润滑油和非冬季用润滑油两类。冬季用润滑油牌号有 SAE 0W、SAE 5W、SAE10W、SAE15W、SAE20W 和 SAE25W 6 种，符号 W 表示冬季，W 前的数字越小，其低温黏度越小，低温流动性越好，适用的最低温度越低。非冬季用润滑油牌号有 SAE20、SAE30、SAE40 和 SAE50 4 种，数字越大，其黏度越大，适用的最高温度越高。冬夏通用润滑油牌号分别有 5W-

20、5W-30、5W-40、5W-50、10W-20、10W-30、10W-40、10W-50、15W-20、15W-30、15W-40、15W-50、20W-20、20W-30、20W-40、20W-50，表示冬季部分的数字越小，表示夏季部分的数字越大，适用的温度范围越大。

> 🔔 **知识提示**：只能满足低温或高温黏度要求的称为单级油，能同时满足低温和高温黏度要求的称为多级油，多级油因其黏温特性好，在车辆上广泛应用。

API 根据润滑油的性能及其适合使用的场合，将润滑油分为 S 系列和 C 系列两类。S 系列为汽油润滑油，规格有 SA、SB、SC、SD、SE、SF、SG、SH、SJ、SL、SM、SN 等多个级别；C 系列为柴油润滑油，规格有 CA、CB、CC、CD、CE、CF、CF-2、CF-4、CG-4、CH-4、CI-4，字母越靠后，质量等级越高。

> 🔔 **知识提示**：近年来，随着高功率发动机技术的发展，涡轮增压、废气再循环等装置运用越来越广泛，发动机工况也越来越苛刻，对润滑油使用性能等级提出新要求。

▶ 实践指导

一、准备工作

（1）设备：发动机运行台架或整车等。
（2）工具、量具：机油滤清器扳手、润滑油回收装置等。
（3）准备发动机维修手册。
（4）准备其他耗材。

二、润滑油的检查

1. 油面高度的检查

（1）起动发动机并怠速运转 3~5 min（冷却液温度达到 60~70 ℃），停止发动机运转 2~3 min。

（2）拔出润滑油尺，用抹布擦拭后，重新将润滑油尺完全插入，再次拔出润滑油尺观察。如果润滑油处于上限（MAX 或 F 标记）、下限（MIN 或 L 标记）之间，如图 5-2-1 所示，说明不缺少润滑油；如果润滑油在下限左右，说明润滑油有异常消耗，应查明原因并解决。

2. 润滑油渗漏的检查

润滑油渗漏常用目视法进行检查：首先检查曲轴前、后油封和放油螺塞、油底壳衬垫等处是否有润滑油泄漏现象，油底壳是否存在变形现象。然后起动发动机并怠速运转几分钟，待冷却液温度达到 60~70 ℃ 后熄火。在油底壳下面铺上浅色的纸，观察几分钟。如果有渗漏，根据油滴在纸上的位置，就可以找到泄漏的部位，

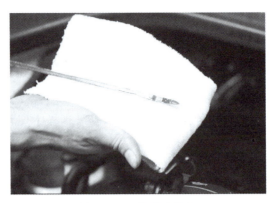

图 5-2-1　润滑油检查

并做相应的处理。

3. 润滑油品质的检查

润滑油品质常用的检查方法是：将润滑油滴在纸巾上观察。如果油滴整体混有淤渣并呈深黑色，说明润滑油变质，应更换润滑油和机油滤清器；如果油滴中心有淤渣，但周围扩散的润滑油呈透明状，则润滑油可以继续使用。

三、机油滤清器与润滑油更换

1. 排放润滑油

（1）起动发动机，并保持怠速运转 3~5 min。当冷却液温度表指示达到 60~70 ℃时，关闭点火开关，停止发动机运转。

（2）调整举升机提升臂的角度和长度，使 4 个提升臂托垫对正汽车底部的举升支擦点。

（3）操纵举升机，将汽车升到适当高度。确认汽车可靠固定在提升臂上后，方可进入车下作业。

> 🔔 **知识提示**：汽车举升前，卸下承载物；汽车举升时，车内不得有乘员，并关闭好车门；在汽车举升过程中严禁车下站人或穿行，不得晃动车辆。

（4）将润滑油回收盆放在油底壳放油螺塞的正下方。用扳手拧松放油螺塞，然后用手缓缓旋出放油螺塞，让润滑油流入回收盆。注意：不要让润滑油溅出回收盆，并小心被烫伤。

（5）检查放油螺塞垫片是否损坏，如有断裂，应进行更换。用棉纱擦净放油螺塞上吸附的金属。

（6）用手拧入放油螺塞，然后用梅花扳手将放油螺塞拧紧至规定力矩。

2. 更换机油滤清器

（1）用机油滤清器专用扳手拆下旧的机油滤清器，将残存在机油滤清器的润滑油倒入回收盆中。

（2）检查并清洁机油滤清器的安装面，在新的机油滤清器 O 形密封圈上涂抹一薄层干净的润滑油，如图 5-2-2 所示。

图 5-2-2　机油滤清器 O 形密封圈涂抹润滑油

（3）先用手拧入机油滤清器，然后用专用扳手将机油滤清器拧至规定力矩。

3. 加注机油

微课
润滑油的加注及检测

（1）打开润滑油加注口，并将抹布垫靠在加注口附近，防止加注过程中润滑油滴漏在发动机缸体上。

（2）对准加注口，将润滑油缓慢倒入，注意加入润滑油的量不能过多，如图 5-2-3 所示。

> 🔔 **知识提示：** 润滑油加注过多将导致燃烧室积炭增加，发动机功率降低；润滑油加注过少，将影响润滑，严重时导致拉缸。

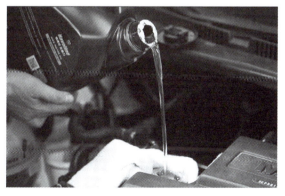

图 5-2-3　润滑油加注

（3）加注完成后，清洁加注口，并拧上加注口盖。

（4）检查润滑油量，拔出润滑油尺，先用抹布擦干净，然后重新插入，再拔出查看，油迹应处于上下刻度线之间。

（5）起动发动机，运转 5 min 后，再进行润滑量复查。

【任务实施】

一、查询并记录发动机信息

发动机型号		发动机排量	

二、按照维修手册技术要求检查机油、更换机油滤清器与润滑油

1. 检查润滑油，并记录相关检查结果。

油面高度检查	
润滑油渗漏检查	
润滑油品质检查	

2. 排放润滑油，记录操作步骤与注意事项。

操作步骤	
注意事项	

3. 更换机油滤清器，记录操作步骤与注意事项。

操作步骤	
注意事项	

4. 加注润滑油，记录操作步骤与注意事项。

操作步骤	
注意事项	

【任务评价】

序号	评分项目	评分标准	配分	得分
一	安全作业	1. 能进行设备和工具安全检查（6分） □1.1 检查作业所需的工具设备是否完备（2分） □1.2 检查作业环境是否配备灭火器（2分） □1.3 检查驻车制动器是否拉起（2分） 2. 能进行车辆安全防护操作（6分） □2.1 正确安装车辆绝缘翼子板布和格栅垫（2分） □2.2 正确安装车内四件套（2分） □2.3 正确安装车轮挡块（2分） 3. 能进行"三不落地"操作（3分） □3.1 作业过程中做到油液不落地（1分） □3.2 作业过程中做到工具不落地（1分） □3.3 作业过程中做到零件不落地（1分）	15分	
二	资料查询	□1. 能查询发动机型号、排量等信息，每缺1项扣1分（4分） □2. 能正确记录零部件参数标准值、拧紧力矩等维修信息，每缺1项扣1分（6分）	10分	
三	技能操作	1. 润滑油的检查（20分） □1.1 正确检查润滑油液面高度（5分） □1.2 正确检查润滑油的渗漏情况（5分） □1.3 对润滑油的品质进行有效的检查与判定（10分） 2. 机油滤清器的拆装（20分） □2.1 正确使用机油滤清器拆装工具（5分） □2.2 对机油滤清器密封圈进行有效润滑（10分） □2.3 按照技术手册要求，将机油滤清器拧紧至规定力矩（5分） 3. 润滑油的更换（20分） □3.1 正确操作举升机，有效确认举升支点与举升高度（5分） □3.2 按照规范流程要求，完成发动机润滑油的排放（5分） □3.3 按照规范流程要求，完成发动机润滑油的加注与检测（10分）	60分	
四	维修判定	□ 能对检测结果进行正确的判定分析，每误判1项扣2分（10分）	10分	
五	工单填写	□1. 工单填写字迹工整（2分） □2. 工单填写语句通顺（3分）	5分	
合计			100分	

项目六 ▶▶▶

冷却系统构造与检修

📋 项目描述

在发动机工作期间，最高燃烧温度可能高达 2500℃，即使在怠速或中等转速下，燃烧室的平均温度也在 1000℃ 以上。冷却系统能将发动机零部件在混合气燃烧过程中所吸收的热量通过冷却介质排放到大气中去，从而维持发动机正常工作温度，保证发动机正常运行。冷却系统是发动机的重要组成部分，冷却系统的工作性能将影响发动机的动力性、经济性、排放性及耐久性。

本项目主要介绍冷却系统的结构组成、工作过程、系统检修等知识及技能。通过本项目的学习可以掌握冷却系统的检修要点、操作流程及规范要求，为后期维修操作夯实技能基础。

任务一 ▶▶▶

冷却系统构造与主要零部件检修

【任务引入】

冷却系统既要防止发动机过热，又要防止发动机过冷。冷却不良，将导致发动机过热，各部件过度膨胀而加速磨损，甚至咬死；过度冷却，又会造成燃油消耗增大及发动机功率降低。当车辆出现冷却液温度过高的情况时，车辆不允许继续行驶，否则会使发动机产生较大的损伤。检修冷却系统主要零部件，需要了解冷却系统是如何工作的？冷却系统主要零部件检修包含哪些工作内容？

【任务目标】

素质目标

1. 树立牢固的安全意识、规范意识、质量意识、责任意识；

2. 磨砺吃苦耐劳的意志品质，锤炼严谨细致的工作作风，弘扬爱岗敬业的职业精神。

知识目标

1. 熟悉冷却系统的分类；

2. 掌握冷却系统的功用与组成；

3. 理解冷却系统的工作原理。

能力目标

1. 能够识别冷却系统主要部件的外形结构，并指出主要部件所在的位置；

2. 能够按照汽车维修操作要求完成冷却系统主要零部件的检测。

知识拓展：冷却系统检修操作注意事项

（1）为了避免烫伤，在发动机和散热器未冷却时禁止拆卸散热器盖。

（2）拆卸冷却液温度传感器插头时，注意电动风扇的运行，防止造成人身伤害。

（3）避免接触发动机气缸体、气缸盖冷却液管路及排气系统等高温部件，防止烫伤。

（4）避免接触发电机驱动轮、冷却液泵驱动轮等驱动部件，防止造成意外伤害。

（5）正确连接尾气排放装置，保证实训场地通风良好。

【任务学习】

▶ 理论引导

一、冷却系统的功用

动画
冷却系统工作原理

冷却系统的功用是把发动机受热零件吸收的部分热量及时散发出去，使发动机能在各种工况下保持最适宜的工作温度。汽车发动机冷却液的正常工作温度为 80～90 ℃。在发动机起动后，要保证发动机迅速升温，在短时间内达到正常的工作温度。极热条件下，发动机长时间高转速运行时，使发动机始终保持在适宜温度范围，使其工作可靠、耐久，以得到良好的动力性和经济性。

二、冷却系统的分类

微课
冷却系统的构成与工作过程

按照冷却介质不同，冷却系统可以分为风冷却系统和水冷却系统。把发动机中高温零件的热量直接散入大气而进行冷却的装置称为风冷却系统，而把这些热量先传给冷却液，然后再散入大气而进行冷却的装置称为水冷却系统。

（1）风冷却系统。风冷却系统一般搭配铝合金气缸体和气缸盖，表面均匀布置了散热片。风冷却系统利用高速空气流直吹过气缸盖和气缸体的外表面，把气缸内部传出的热量散发到大气中去，以保证发动机在最有利的温度范围内工作，如图 6-1-1（a）所示。

视频
冷却系统类型

（2）水冷却系统。水冷却系统是以冷却液为冷却介质，通过对冷却液的不断循环，从发动机水套中吸收多余热量并散发到大气中。根据冷却液循环方式的不同，水冷却系统又可分为自然循环和强制循环两种方式。目前汽车上普遍采用的是强制循环水冷却系统，如图 6-1-1（b）所示。

三、冷却系统的组成

视频
冷却系统组成

强制循环水冷却系统，利用冷却液泵强制冷却液在冷却系统中进行循环流动，具有冷却均匀、效果好、发动机运转噪声小等优点，目前汽车发动机广泛采用。它由散热器、气缸盖水套、冷却液泵、节温器、冷却风扇、膨胀水箱和水管等组成，如图 6-1-2 所示。

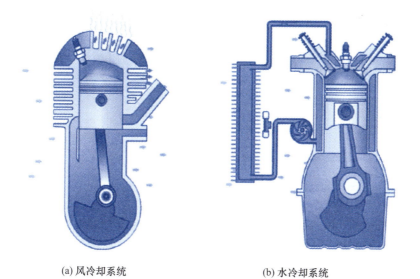

(a) 风冷却系统　　　　　　　　(b) 水冷却系统

图 6-1-1　冷却系统的类型

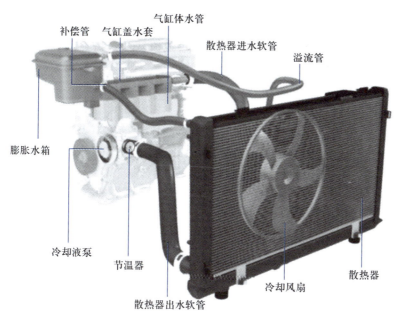

图 6-1-2　冷却系统的组成

微课
冷却系统主
要零部件

视频
散热器功用

动画
散热器工作
原理

1. 散热器

作用：发动机工作时，冷却液在散热器芯内流动，空气从散热器芯表面通过。散热器通过加大冷却液与空气的接触面积，利用空气流动降低冷却液热量，达到加速散热效果。冷却液经过散热器后，其温度可降低 10~15 ℃。

结构：散热器一般安装在保险杠后方，它主要由储水室、放水螺塞、散热器片、散热器芯等组成，如图 6-1-3 所示。

发动机工作时，根据散热器中冷却液的流动方向，可将散热器分为横流式散热

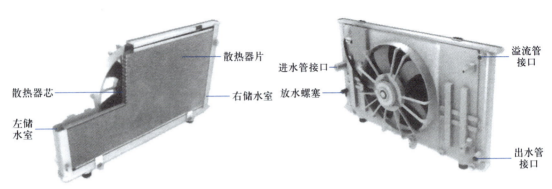

散热器片

散热器芯

左储水室

右储水室

进水管接口

放水螺塞

溢流管接口

出水管接口

图 6-1-3　散热器结构

动画
散热器盖工作原理

器和纵流式散热器。横流式散热器芯横向布置，左右两端分别为进、出水室；纵流式散热器芯竖直布置，上接进水室，下接出水室。

2. 膨胀水箱

作用：膨胀水箱又称补偿水桶，有溢流和补偿的作用。溢流即当冷却液受热膨胀时，部分冷却液通过溢流管从散热器中流入膨胀水箱；补偿即当冷却液降温后，散热器内冷却液体积变小，膨胀水箱内冷却液经补偿管被吸回散热器。

结构：膨胀水箱多用塑料制造并用软管与溢流管和补偿管相连接。它主要由膨胀水箱盖、溢流管接口、补偿管接口、壳体等组成，如图 6-1-4 所示。在膨胀水箱的外表面上刻有两条标记线："MIN"线和"MAX"线，膨胀水箱内冷却液液面应位于两条标记线之间。

视频
膨胀水箱功用

微课
冷却风扇电机控制原理

动画
温控开关控制电动冷却风扇工作原理

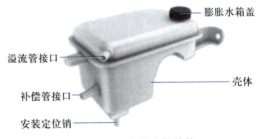

膨胀水箱盖

溢流管接口

补偿管接口

安装定位销

壳体

图 6-1-4　膨胀水箱结构

3. 冷却风扇

作用：随着汽车电子技术发展，冷却风扇在汽车发动机上广泛应用，其作用是增加流过散热器的空气量，增强散热器的散热能力。

结构：冷却风扇通常安装在散热器后方，主要由电动机、风扇叶片、导风罩等组成，如图 6-1-5 所示。

4. 冷却液泵

作用：对冷却液加压，使之在冷却系统中循环流动。由于离心式冷却液泵具有尺寸小、出液量大、损坏后不妨碍冷却液在冷却系统中自然循环的特点，被强制循环水冷却系统普遍采用。

结构：离心式冷却液泵主要由冷却液泵传动带轮、冷却液泵轴、冷却液泵轴承、

动画
离心式冷却液泵工作原理

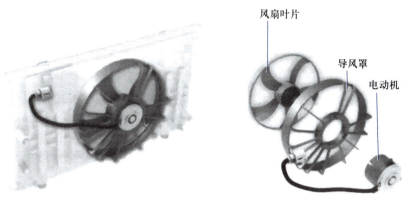

风扇叶片

导风罩

电动机

图 6-1-5　冷却风扇结构

冷却液泵盖，密封组件，冷却液泵叶轮等部件组成，其结构如图 6-1-6 所示。

图 6-1-6　离心式冷却液泵结构

5. 节温器

作用：节温器通常安装在发动机水道或冷却液泵中，根据发动机冷却系统温度的变化，自动地控制通过散热器的冷却液流量，使发动机工作在正常的温度范围内。

结构：现代车用发动机广泛采用蜡式节温器。蜡式节温器主要由主阀门、副阀门，蜡管、推杆、弹簧等组成，如图 6-1-7 所示。

🔔 **知识提示**：现代也有很多车辆采用电子节温器，其结构在蜡式节温器结构的基础上增加了加热装置，冷却液温度和加热装置都可以控制电子节温器的开启。

6. 冷却液温度传感器

作用：冷却液温度传感器安装在发动机气缸体或气缸盖的水套上，与冷却液接触，其作用是把冷却液温度转换为电信号，传递给 ECU，对冷却系统温度进行监测，并提供冷却风扇运转的控制信号。

动画
蜡式节温器
工作原理

视频
微机控制电
动冷却风扇
工作原理

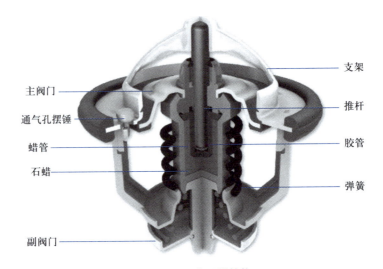

图 6-1-7　节温器结构

主阀门

通气孔摆锤

蜡管

石蜡

副阀门

支架

推杆

胶管

弹簧

以丰田卡罗拉车型为例，当发动机冷却液温度低于 95 ℃时，微机控制风扇电动机不工作，风扇不转动，如图 6-1-8 所示。

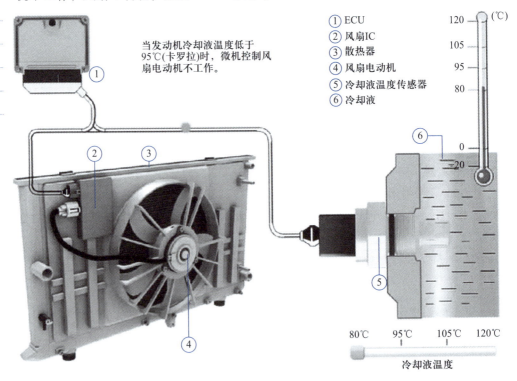

当发动机冷却液温度低于95℃(卡罗拉)时，微机控制风扇电动机不工作。

① ECU
② 风扇IC
③ 散热器
④ 风扇电动机
⑤ 冷却液温度传感器
⑥ 冷却液

冷却液温度

图 6-1-8　风扇不转动

当冷却液温度处于 95 ℃与 105 ℃之间时，微机控制风扇电动机低速运转，风扇低速转动，如图 6-1-9 所示。

当冷却液温度达到 105 ℃及以上时，微机控制风扇电动机高速运转，风扇高速

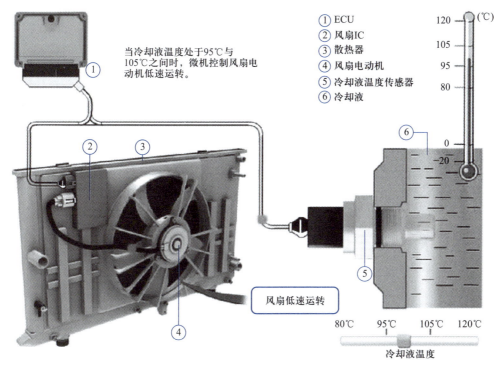

图 6-1-9　风扇低速转动

转动，如图 6-1-10 所示。

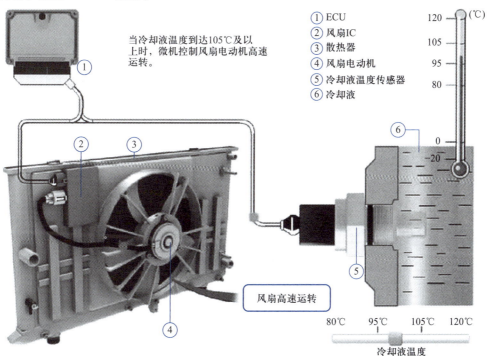

图 6-1-10　风扇高速转动

四、冷却系统的工作原理

为了保证发动机在不同负荷、转速和气候条件下能够保持正常的工作温度，发动机冷却系统的循环方式及路线是随着发动机工作温度的变化而变化的。冷却液的循环方式及路线受节温器的控制，根据发动机工作温度由低到高的变化，冷却液的循环方式及路线分为：小循环、大循环、混合循环。

（1）当冷却液温度低于 85 ℃时，节温器主阀门关闭，副阀门开启，冷却液进行小循环。在小循环工作状态时，冷却液不流经散热器，从气缸盖水套流出，经节温器直接进入冷却液泵进水口，再由冷却液泵送入气缸体和气缸盖的水套，如图 6-1-11 所示。由于冷却液不流经散热器，可使发动机温度迅速升高。

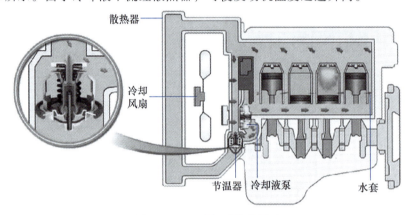

图 6-1-11   冷却系统小循环

（2）当冷却液温度达到 95 ℃以上时，石蜡膨胀量增大，主阀门全开，副阀门全关，冷却液进行大循环。大循环工作状态时，冷却液全部流经散热器，散热后的冷却液在冷却液泵的抽吸下回到气缸体水套内，经气缸盖再流入散热器，形成一个循环系统，如图 6-1-12 所示。

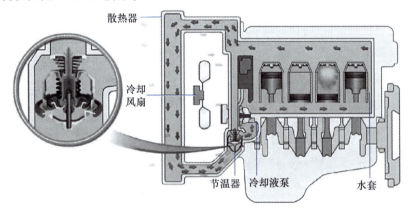

图 6-1-12   冷却系统大循环

（3）当冷却液的温度处于 85~95 ℃之间时，石蜡受热膨胀使主阀门部分开启，副阀门部分关闭。此时，冷却系统大、小循环同时存在，称为混合循环，如图 6-1-13 所示。

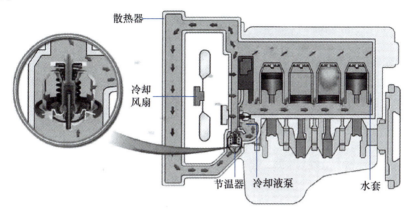

散热器

冷却风扇

节温器　冷却液泵　水套

图 6-1-13　冷却系统混合循环

▶　**实践指导**

一、准备工作

（1）设备：发动机运行台架或整车等。
（2）工具、量具：机油滤清器扳手、润滑油回收装置等。
（3）准备发动机维修手册。
（4）准备其他耗材。

二、冷却系统主要零部件检修

微课
冷却系统主要零部件的检测

1. 散热器检修

散热器的异常主要是指管道沉积水垢，散热片与散热管堵塞；散热管因裂纹或脱焊而漏水以及机械损伤。

1）外观检查

起动发动机，进行发动机预热。从外部查看散热器上、下水室及散热器芯，不得有渗漏现象，散热器框架不得有断裂和脱焊现象；检查散热器紧固情况，散热器应当紧固可靠，前后晃动应无松动现象；检查膨胀水箱到散热器的连接管是否有漏气或堵塞现象，发现有漏气或堵塞现象应予以排除，以防止补偿散热器的冷却液不能回到散热器内。

2）工作状态检查

当发动机完成暖机后，用手触摸散热器表面，看是否进入到工作状态，如图 6-1-14 所示。若散热器表面温度没有升高，则有可能冷却液泵、节温器工作出现异常或管路出现堵塞；若散热器表面温度呈现局部差异，则散热器内部出现堵塞。

3）散热器渗漏检查

拆卸散热器总成，对散热器进行外部清洗及水垢清除。堵住散热器的进出口，

图 6-1-14　散热器工作状态检查

在散热器内充入 50~100 kPa 压力的压缩空气，并将其浸泡在水中，检查有无气泡冒出。如有气泡冒出，则冒泡部位应做好记号，以便焊修。

4）散热器损伤修复

根据散热器芯管破漏的部位和渗漏程度，可采取不同方法进行修复，必要时可更换散热器芯管。若散热器芯管的破漏数目占比不超过 10%，可对破漏的芯管进行堵塞修复。若散热器芯管的破漏数目占比超过 15%，则不能采用堵塞方法，以免降低冷却系统的冷却效果，可采用焊补法，对散热器芯管的个别渗漏部位进行锡焊。散热器修复后，应再次进行密封性试验。

2. 冷却风扇检测

1）就车检查

拔下冷却液温度传感器线束插头，如图 6-1-15 所示。冷却风扇将进入高速运转状态，若冷却风扇不转，则需进行冷却风扇及电路进行检查。

图 6-1-15　拔下冷却液温度传感器插头

2）检测风扇电动机

拔下冷却风扇线束插头，使用汽车万用表电阻挡，测量风扇电动机阻值，如图 6-1-16 所示。正常阻值为 1~3 Ω 左右，若测得的阻值很大，则风扇电动机内部线圈出现断路。

3）检测冷却风扇电路

冷却风扇线束插头保持断开状态，起动发动机，拔下冷却液温度传感器线束插头。使用汽车万用表电压挡测量供电电压，应不低于 12 V，如图 6-1-17 所示，若

图 6-1-16　检测风扇电动机

供电电压为零则冷却风扇供电电路出现断路。用汽车万用表导通挡，检测搭铁回路是否导通，若阻值很大则搭铁回路出现断路，如图 6-1-18 所示。

图 6-1-17　检测冷却风扇供电电压　　　图 6-1-18　检测冷却风扇搭铁回路是否导通

3．冷却液温度传感器检测

若起动发动机后，仪表盘上出现冷却液温度报警或冷却风扇高速运转，则有可能是冷却液温度传感器及其连接线路出现问题。

1）冷却液温度传感器本体检测

拔下冷却液温度传感器线束插头，使用汽车万用表电阻挡测量冷却液温度传感器电阻值，如图 6-1-19 所示。伴随着发动机的运转，测量的电阻值应呈线性递减变化，若阻值不发生变化，则冷却液温度传感器失效。

2）冷却液温度传感器电路检测

打开点火开关，拔下冷却液温度传感器线束插头，使用汽车万用表电压挡测量冷却液温度传感器供电电压，应有 5 V 左右的供电电压，若没有则供电电路出现断路；使用汽车万用表导通挡测量冷却液温度传感器搭铁回路，应导通或阻值较小，若阻值很大，则搭铁回路出现断路，如图 6-1-20 所示。

4．节温器检修

节温器是冷却系统用来调节冷却温度的重要部件，它的工作是否正常，对发动机工作温度影响很大，并间接地影响了发动机的动力性和油耗。

1）就车检查

发动机起动后，待冷却液温度表指针读数为 85 ℃时，用手接触散热器的上水

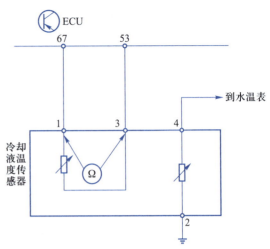

图 6-1-19　检测冷却液温度传感器电阻值

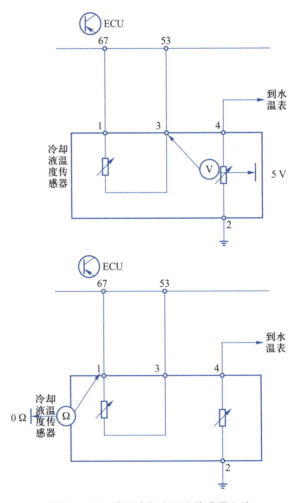

图 6-1-20　检测冷却液温度传感器电路

室，若冷却液温度迅速上升，表示节温器和水泵工作正常，否则说明节温器故障。

2）节温器检查

外观检查。检查节温器的阀门、弹簧是否变形、失效、有污物等，如有应予以清理或更换。

试验检查。将节温器放在水中逐渐加热，如图 6-1-21 所示。当冷却液温度于 85 ℃左右时，主阀门应打开，副阀门应逐渐关闭；当冷却液温度超过 95 ℃时，主阀门应全开，全开升程应不小于 8 mm（新节温器为 9 mm）。如不符合上述要求，则说明节温器工作不正常，必须予以更换。

图 6-1-21　节温器的检查

5. 冷却液泵检修

1）冷却液泵的检查

（1）检查泵体及传动带轮有无磨损及损伤，必要时应更换。

（2）检查冷却液泵轴有无弯曲，检查轴颈磨损程度。

（3）检查叶轮上的叶片有无破裂，检查轴承孔磨损是否严重。

（4）检查水封和胶木垫圈的磨损程度，如超过使用极限应更换新件。

（5）检查轴承的磨损情况，可用百分表测量轴承的间隙，如超过 0.10 mm，则应更换新的轴承。

2）冷却液泵的修理

（1）泵壳的修理。如果泵壳有裂纹，可进行焊接或更换。壳与盖的结合面变形如果大于 0.05 mm，应予以修平。

（2）冷却液泵轴的修理。如果冷却液泵轴弯曲大于 0.05 mm，应冷压校正；轴颈磨损后可堆焊，也可用镀铁或镀铬法修复，并修磨至标准尺寸，磨损严重时应予以更换。

（3）冷却液泵叶轮修理。冷却液泵叶轮裂纹较小时，可锡焊或胶补；裂纹较大或破裂时，应予以更换。

（4）冷却液泵装合后检验。冷却液泵装合后，用手转动传动带轮，泵轴转动应无卡滞，叶轮与泵壳之间应无碰擦感。然后在试验台上，按照原厂规定进行压力-流量试验。

【任务实施】

一、查询并记录发动机信息

发动机型号		发动机排量	

二、按照维修手册技术要求检修冷却系统主要零部件

1. 检查散热器，记录相关检查结果并进行维修判定。

散热器有无堵塞	□存在　　□不存在
	维修结论：
散热器有无渗漏	□存在　　□不存在
	维修结论：

2. 检测冷却风扇，记录相关检查结果并进行维修判定。

检查项目	供电电压	负极搭铁	风扇电动机阻值
标准值			
测量值			
判定	□正常□异常	□正常□异常	□正常□异常

3. 检测冷却液温度传感器，记录相关检查结果并进行维修判定。

检查项目	供电电压	负极搭铁	电阻值线性变化
标准值			
测量值			
判定	□正常□异常	□正常□异常	□正常□异常

4. 检测节温器，记录相关检查结果并进行维修判定。

检查项目	主阀门开启温度	主阀门完全打开温度	节温器主阀门升程
标准值			
测量值			
判定	□正常　　□异常	维修结论：	

5. 检查冷却液泵，记录相关检查结果并进行维修判定。

泵壳和传动带轮有无损伤	□存在　　□不存在	维修结论：
叶轮有无松脱或损坏	□存在　　□不存在	维修结论：
泵轴有无磨损或变形	□存在　　□不存在	维修结论：

【任务评价】

序号	评分项目	评分标准	配分	得分
一	安全作业	1. 能进行设备和工具安全检查（6分） □1.1 检查作业所需的工具设备是否完备（2分） □1.2 检查作业环境是否配备灭火器（2分） □1.3 检查驻车制动器是否拉起（2分） 2. 能进行车辆安全防护操作（6分） □2.1 正确安装车辆绝缘翼子板布和格栅垫（2分） □2.2 正确安装车内四件套（2分） □2.3 正确安装车轮挡块（2分） 3. 能进行三不落地操作（3分） □3.1 作业过程中做到油液不落地（1分） □3.2 作业过程中做到工具不落地（1分） □3.3 作业过程中做到零件不落地（1分）	15分	
二	资料查询	□1. 能查询发动机型号、排量等信息，每缺1项扣1分（4分） □2. 能正确记录零部件参数标准值、拧紧力矩等维修信息，每缺1项扣1分（6分）	10分	
三	技能操作	1. 散热器的检查（15分） □1.1 正确选取检测位置（5分） □1.2 规范使用相关检测仪器设备（5分） □1.3 根据检测结果，对散热器工作情况给予正确的维修判定（5分） 2. 冷却风扇的检测（15分） □2.1 正确插拔冷却风扇线束连接器（5分） □2.2 正确选取检测位置（5分） □2.3 规范使用相关检测仪器设备（5分） 3. 冷却液温度传感器检测（15分） □3.1 正确插拔冷却液温度传感器线束连接器（5分） □3.2 正确选取检测位置（5分） □3.3 规范使用相关检测仪器设备（5分） 4. 冷却液泵的检查（15分） □4.1 正确选取检测位置（5分） □4.2 规范使用相关检测量具（5分） □4.3 根据检测结果，对冷却液泵工作情况给予维修判定（5分）	60分	
四	维修判定	□ 能对检测结果进行正确的判定分析，每误判1项扣2分	10分	
五	工单填写	□1. 工单填写字迹工整（2分） □2. 工单填写语句通顺（3分）	5分	
合计			100分	

任务二 ▶▶▶

冷却液检查与更换

【任务引入】

冷却液是发动机冷却系统中重要的工作介质，当冷却液不足或变质时，会使发动机工作温度升高而导致发动机部件出现损坏。在汽车维修工作中，冷却液检查与更换是发动机基础保养的工作内容之一，是维修工作人员必须掌握的一项专业技能。检查与更换冷却液，需要了解发动机冷却液检查包括哪些工作内容？冷却液的更换是如何进行的？

【任务目标】

素质目标

1. 树立牢固的安全意识、规范意识、质量意识、责任意识；

2. 磨砺吃苦耐劳的意志品质，锤炼严谨细致的工作作风，弘扬爱岗敬业的职业精神。

知识目标

1. 熟悉冷却液的作用；

2. 理解冷却液的组成与分类；

3. 掌握冷却液检查与更换的方法。

能力目标

1. 能够按照汽车维修操作要求完成冷却液与冷却系统检查；

2. 能够按照汽车维修操作要求规范、熟练地完成冷却液更换。

知识拓展：冷却液检查与更换操作注意事项

（1）禁止在热车状态下拆卸散热器盖，以免被沸水烫伤。

（2）佩戴安全防护眼镜，防止冷却液飞溅伤害眼睛。

（3）举升车辆到位后，将车辆降至安全保险位置。

（4）升降车辆时，禁止人员进入被举升车辆下方和内部。

（5）拆卸冷却系统压力测试仪时，应先卸压，防止冷却液飞溅伤人。

【任务学习】

▶ 理论引导

一、冷却液的作用

冷却液是汽车发动机不可缺少的一部分。它在发动机冷却系统中循环流动，将发动机工作中产生的多余热量带走，使发动机能以正常工作温度运转。冷却液不足，会使发动机冷却液温度过高，而导致发动机部件损坏。冷却液除了具有冷却作用之外还具有防冻、防腐蚀、防水垢等功能。

二、冷却液的组成与分类

1. 冷却液的组成

冷却液是软水、防冻剂和少量添加剂的混合物。软水中不含（或含少量）可溶性钙、镁化合物，能够有效防止水垢产生，保证冷却效果。防冻剂既可以防止冷却液在寒冷天气结冰，避免散热器、气缸体、气缸盖胀裂，又可以适当提高冷却液的沸点，保证冷却效果。最常用的防冻剂是乙二醇，乙二醇是一种无色、透明、稍有甜味、具有吸湿性的黏稠液体，它能以任何比例与水相溶。冷却液中还添加有防锈剂、泡沫抑制剂、杀菌防霉剂、pH 调节剂、着色剂等。

视频
冷却液成分

防锈剂可延缓或阻止发动机水套及散热器的锈蚀或腐蚀。冷却液中的空气在冷却液泵叶轮的搅动下会产生很多泡沫，这些泡沫将影响传热效果，泡沫抑制剂能有效地抑制泡沫的产生，保证传热效果。冷却液在使用过程中，随着时间的延长，防锈剂和泡沫抑制剂会消耗殆尽，因此定期更换冷却液是十分必要的。冷却液在贮存过程中可能引起微生物滋生，使冷却液发霉变质，在冷却液中加入微量的杀菌防霉剂，可以保证冷却液在 2~3 年的贮存期内不会毒变。由于中性介质防锈剂效果较好，且冷却液在工作过程中会酸化，pH 会下降，因此冷却液中需要添加 pH 调节剂，使冷却液的 pH 稳定在 75~11 之间。冷却液中还会加入着色剂，使冷却液呈蓝绿色、红色、橘黄色或金黄色，以便识别，如图 6-2-1 所示（彩图参见二维码）。

图片
不同着色剂
的冷却液

2. 冷却液的种类

根据防冻剂的不同，常见的冷却液可分为乙烯乙二醇冷却液和丙烯乙二醇冷却液两种。乙烯乙二醇冷却液有毒性，一般呈绿色；丙烯乙二醇冷却液无毒性，一般呈红色或橘黄色。

根据使用寿命不同，冷却液分为常规冷却液和长效冷却液，长效冷却液呈金黄色。

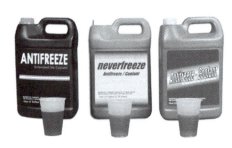

图 6-2-1　不同着色剂的冷却液

品质良好的冷却液通常色泽亮丽，接近标准色，同时还有芳香气味；变质的冷却液通常呈灰白色或褐色，有一层油状膜。

注意：不同型号的冷却液不能混合使用，以免发生化学反应。

3. 冷却液的冰点与沸点

不同的冷却液有不同的冰点和沸点，可以根据发动机使用条件选用。冷却液由液态凝结成固态的温度称为冷却液的凝点，又称为冷却液的冰点。冷却液沸腾时的温度称为冷却液的沸点。冷却液中防冻剂的比例不同，其冰点与沸点也不同，见表6-2-1。

视频
冷却液冰点
与沸点

表 6-2-1　不同浓度冷却液的冰点与沸点

乙二醇的浓度		冰点	沸点
质量浓度/%	体积浓度/%	（100.7 kPa）/℃	（100.7 kPa）/℃
0.0	0.0	0.0	100.0
5.0	4.4	-1.4	100.6
10.0	8.9	-3.2	101.1
15.0	13.6	-5.4	102.2
20.0	18.1	-7.8	102.2
25.0	22.9	-10.7	103.3
30.0	27.7	-14.1	104.4
35.0	32.6	-17.9	105.0
40.0	37.5	-22.3	105.6
45.0	42.5	-27.5	106.7
50.0	47.6	-33.8	107.2
55.0	52.7	-41.1	108.3
60.0	57.8	-48.3	110.0
80.0	78.9	-46.8	123.9
85.0	84.3	-36.9	133.9
90.0	89.7	-29.8	140.6
95.0	95.0	-19.4	158.3
100	100	-13	197.4

▶ 实践指导

一、准备工作

（1）设备：发动机运行台架或整车等。

（2）工量具：冰点检测仪、冷却系统测试仪等。

（3）准备发动机维修手册。

（4）准备其他耗材。

二、冷却液检查与更换

1. 冷却液检查

1）外观检查

检查膨胀水箱的冷却液液面高度应在膨胀水箱上、下标线之间（一般在 max 和 min 之间），则冷却液量合适，如图 6-2-2 所示。

微课
冷却液加注
与冷却系统
检测

图 6-2-2 冷却液液面检查

如液面低于 min 线，则应补充冷却液。若液面过低，检查冷却系统是否有渗漏现象。冷却液渗漏不仅会漏到发动机的外部，而且还会漏到发动机的内部。若冷却液（或储存冷却液的容器）很脏，内含褐色的油泥，则表明发动机机油渗漏到冷却系统内。若发动机机油呈乳白色，应该检查发动机机油。上述任何一种情况均会引起严重故障。

2）冷却液冰点检查

冷却液冰点在其使用过程中可能会发生变化，因此在车辆维护时需要使用冰点仪检查冷却液的冰点，必要时更换冷却液。冷却液冰点检查的过程很简单，用吸管在折射仪玻璃上滴上一滴冷却液，就能查看冰点是多少。如图 6-2-3 所示，大众车系常用折射计（T10007）进行冰点检测，该折射仪的刻度盘 1 用于检测 G12 和 G11冷却液添加剂，刻度盘 2 用于检测 G13 冷却液添加剂。

2. 冷却系统密封性检查

一般采用冷却系统测试仪，检查冷却系统有无泄漏，操作方法如下。

（1）旋下膨胀水箱盖，并根据膨胀水箱盖尺寸大小，选取合适的测试接头。

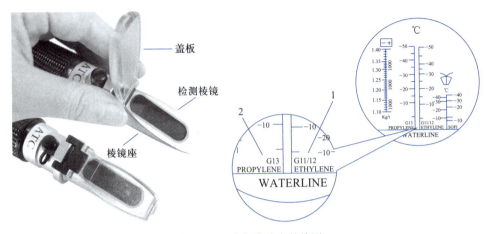

图 6-2-3   冷却液冰点的检测

（2）将测试接头旋入膨胀水箱，并通过橡胶软管与测试仪相连，如图 6-2-4 所示。

（3）用测试仪的手动气泵在冷却系统管道内生成 1.0 bar 左右的压力，进行保压测试，如果压力下降，说明冷却系统存在密封不良，应检查管道接头及散热器是否存在渗漏，如果未发现渗漏也有可能是发动机水套存在渗漏。

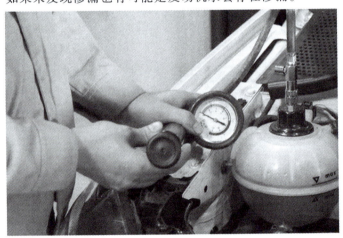

图 6-2-4   冷却系统密封性检查

3．冷却液排放

冷却液一般从散热器和发动机排放（排放前打开膨胀水箱盖）。散热器的底部和发动机机体的侧面各有一个放水开关（或水堵、螺塞），车辆的品牌、款式等不同，具体位置也不同。具体操作步骤如下。

（1）首先关掉发动机并让其冷却，以免更换冷却液时冷却液温度过高对人体造成伤害。

（2）停车后要检查车下有无大量水迹，发动机舱内有无水痕，发现冷却液有泄漏应查明原因并修理，确保换用新冷却液后不再有类似故障。

（3）待发动机冷却后，在排放冷却液前，将仪表板的暖风开关拨至一端，使暖风控制阀完全开启。

（4）拧下冷却液膨胀水箱盖，注意等到拧松一部分使内部气流高压减弱后，才完全拧开盖子。

（5）松开膨胀水箱下端的放水阀，放出冷却液。

（6）检查冷却液状态，认为冷却系统需要清洗的，加入足量清水与清洗液在怠速下清洗 10~30 min（时间长短视情况而定），然后将清洗液放出，用清水再冲洗 1~2 次，直至放出来的水干净为止。

4. 冷却液加注

在加注冷却液时，应根据发动机使用条件合理选择冷却液。一般情况下选择的冷却液的冰点应比当地冬季最低气温低 15 ℃左右。具体操作步骤如下。

（1）将冷却液缓慢加入膨胀水箱内，直至膨胀水箱内液面高度与最高标记位置齐平，如图 6-2-5 所示。

（2）拧紧膨胀水箱盖，起动发动机直至风扇运转 2~3 min；

（3）将发动机熄火，检查冷却液液面高度，若液面出现下降，则需按照前述方法补充冷却液至规定液面高度。

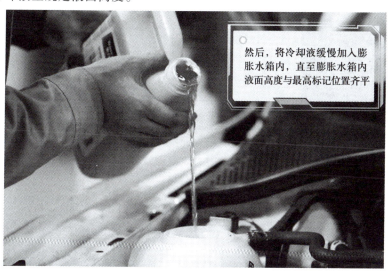

然后，将冷却液缓慢加入膨胀水箱内，直至膨胀水箱内液面高度与最高标记位置齐平

图 6-2-5　冷却液加注

【任务实施】

一、查询并记录发动机信息

发动机型号		发动机排量	

二、按照维修手册技术要求检查与更换冷却液

1. 检查冷却液，并记录相关检查结果。

液面高度检查	
冷却液品质检查	
冷却液冰点	

2. 检查冷却系统密封性，记录操作步骤与注意事项。

操作步骤	
注意事项	

3. 排放冷却液，记录操作步骤与注意事项。

操作步骤	
注意事项	

4. 加注冷却液，记录操作步骤与注意事项。

操作步骤	
注意事项	

【任务评价】

序号	评分项目	评分标准	配分	得分
一	安全作业	1. 能进行设备和工具安全检查（6分） □1.1 检查作业所需的工具设备是否完备（2分） □1.2 检查作业环境是否配备灭火器（2分） □1.3 检查驻车制动器是否拉起（2分） 2. 能进行车辆安全防护操作（6分） □2.1 正确安装车辆绝缘翼子板布和格栅垫（2分） □2.2 正确安装车内四件套（2分） □2.3 正确安装车轮挡块（2分） 3. 能进行三不落地操作（3分） □3.1 作业过程中做到油液不落地（1分） □3.2 作业过程中做到工具不落地（1分） □3.3 作业过程中做到零件不落地（1分）	15分	
二	资料查询	□1. 能查询发动机型号、排量等信息，每缺1项扣1分（4分） □2. 能正确记录零部件参数标准值、拧紧力矩等维修信息，每缺1项扣1分（6分）	10分	
三	技能操作	1. 冷却液的检查（20分） □1.1 正确检查冷却液液面高度（5分） □1.2 正确使用冰点仪检查冷却液的冰点（5分） □1.3 对冷却的品质进行有效的检查与判定（10分） 2. 冷却系统密封性检测（20分） □2.1 正确选取检测位置（5分） □2.2 规范使用相关检测量具（5分） □2.3 根据检测结果，对冷却系统密封性给予准确的判定（10分） 3. 冷却液的更换（20分） □3.1 根据冷却液更换的要求，有效进行车辆的起停控制（5分） □3.2 按照规范流程要求，完成发动机冷却液的排放（5分） □3.3 按照规范流程要求，完成发动机冷却液的加注与检测（10分）	60分	
四	维修判定	□ 能对检测结果进行正确的判定分析，每误判1项扣2分	10分	
五	工单填写	□1. 工单填写字迹工整（2分） □2. 工单填写语句通顺（3分）	5分	
合计			100分	

项目七 >>>

· ·

点火、起动系统构造与检修

项目描述

　　汽油发动机气缸内的混合气是由高压电火花点燃的，而电火花的产生是由点火系统来完成的。点火系统工作时，应适应发动机各工况的变化，适时、准确地点燃气缸内混合气。点火系统的工作性能，直接关乎发动机的燃烧性能，影响发动机的经济性与排放性。

　　起动系统是在发动机自行运转前，为发动机提供外力，辅助曲轴旋转，完成初始燃烧，实现发动机起动运转。现代车用发动机均采用了电动起动方式，通过电动起动机将蓄电池的电能转换成机械能，从而起动发动机。起动系统的工作状况，直接影响发动机能否有效起动运转。

　　本项目主要介绍点火系统、起动系统的结构组成、工作过程、系统检修等知识及技能。通过本项目的学习应掌握点火系统、起动系统的检修要点、操作流程及规范要求，为后期维修操作夯实技能基础。

任务一 ▶▶▶

点火系统构造与检修

所有用汽油作燃料的发动机都配备了点火装置，点火装置的任务是根据发动机的工况，在最佳时刻以足够高的点火能量点燃气缸内的混合气。检修点火系统，需要了解现代电控发动机的点火系统有哪些组成部分？具体工作过程是怎样的？点火系统出现了问题有哪些检查方法？

【任务目标】

素质目标

1. 树立牢固的安全意识、规范意识、质量意识、责任意识；

2. 磨砺吃苦耐劳的意志品质，锤炼严谨细致的工作作风，弘扬爱岗敬业的职业精神。

知识目标

1. 熟悉点火系统的功用与组成；

2. 掌握点火系统主要零部件的检修方法；

3. 理解点火系统的工作过程。

能力目标

1. 能够按照汽车维修操作要求完成点火系统主要零部件的检测；

2. 能够按照汽车维修操作要求规范、熟练地完成火花塞的拆装。

知识拓展：点火系统检修操作注意事项

（1）工具及零部件轻拿轻放、摆放整齐，搬运过程中防止跌落造成意外伤害。

（2）使用清洗剂对火花塞进行清洗时，要防止清洗剂溅入眼睛或接触皮肤。

（3）安装火花塞时，先慢慢用手拧上几圈，然后再用火花塞套筒紧固，如果拧入费力，禁止强行拧入，以免损坏螺纹孔。

【任务学习】

▶ 理论引导

视频
独立点火系统工作原理

视频
直接点火系统

视频
无分电器电子点火系统的控制原理

微课
点火系统的构成与工作过程

一、点火系统的功用与分类

功用：将电源的低电压转变成高电压，再按照发动机点火顺序轮流送至各气缸，点燃压缩混合气，使气缸内的混合气迅速燃烧做功。

分类：点火系统分机械触点式、机械无触点式、微机控制无分电器式等类型，如图 7-1-1 所示。现代电控发动机基本采用微机控制点火，取消了分电器。

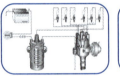
(a) 机械触点式
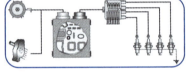
(b) 机械无触点式
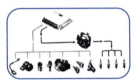
(c) 微机控制无分电器式

图 7-1-1　点火系统分类

二、微机控制无分电器点火系统组成

微机控制无分电器点火系统由传感器、控制单元、点火控制器、点火线圈、火花塞等组成。微机控制无分电器点火系统的组成如图 7-1-2 所示。

1. 传感器

参与点火系统工作的传感器有曲轴位置传感器、凸轮轴位置传感器空气流量传感器、节气门位置传感器、爆震传感器、车速传感器、温度传感器等。

（1）曲轴位置传感器：检测发动机曲轴位置和转速信号；

（2）凸轮轴位置传感器：检测 1 缸 TDC（上止点）信号；

（3）空气流量传感器（绝对压力传感器）：检测进气量信号；

（4）节气门位置传感器：检测节气门的开度和加速信号；

（5）爆震传感器：检测发动机抖动度的信号；

（6）车速传感器：检测车速信号；

（7）温度传感器：检测进气温度信号。

2. 控制单元

控制单元是点火系统的控制核心，其作用是根据发动机各传感器输入的信号及

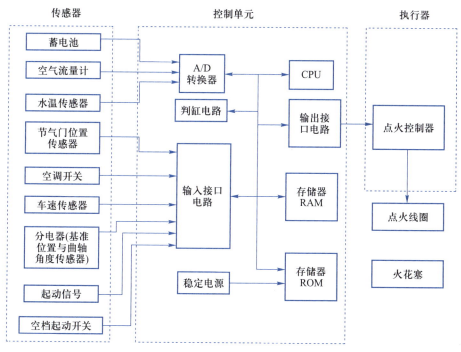

图 7-1-2　微机控制无分电器点火系统的组成

内存数据进行运算、处理、判断，输出指令信号控制点火器动作，实现对点火系统精确控制。

3. 点火控制器

点火控制器又称点火电子组件，它接受 ECU 输出的点火控制信号进行功率放大，控制点火线圈初级电路通断，从而使点火次级线圈产生高压电。

无分电器点火系统取消了机械式高压配电而改为电子式高压配电。因此，控制单元不再控制一个点火线圈初级绕组的通断，而是要根据曲轴的不同位置，按一定顺序控制多个点火线圈，以实现电子式高压配电。

4. 火花塞

作用：把高压导线送来的脉冲高压屯进行放电，击穿火花塞两电极间空气，产生电火花，从而引燃气缸内的混合气体。

结构：火花塞主要由高压接线卡口、陶瓷绝缘体、金属壳体、中心电极和侧电极等组成，如图 7-1-3 所示。中心电极要求具有良好的耐高温、耐腐蚀性能，所以一般采用含少量铬、锰、硅的镍基合金制成，其中以镍锰合金应用最多。为了提高耐热性能，在中心电极表面采用铂、铱等电极材料。

规格：火花塞由于品种较多，选择火花塞时需要符合原厂设计标准，否则会损坏发动机，同时需要重点关注火花塞型号、紧固扭矩、螺纹直径、螺纹长度、火花塞间隙等参数。

（1）火花塞间隙。火花塞中心电极与侧电极之间的间隙，称为火花塞间隙。火花塞间隙对火花塞及发动机的工作性能均有很大影响。间隙过小，则火花微弱，且

视频
点火线圈工作过程演示

视频
火花塞的介绍

易因积炭而漏电；间隙过大，所需击穿电压增高，发动机不易起动，且在高转速时容易发生失火现象。因此火花塞间隙应适当，目前火花塞间隙一般为 0.6~1.5 mm，不同车型有所区别。

（2）阻值。目前发动机大多采用电阻型火花塞，其内部装有一个陶瓷电阻器，可以有效地减小火花塞对汽车电器的干扰，保护汽车上的电子元件，避免损坏。按 ISO 的标准，火花塞的电阻值应在 1~20 kΩ。

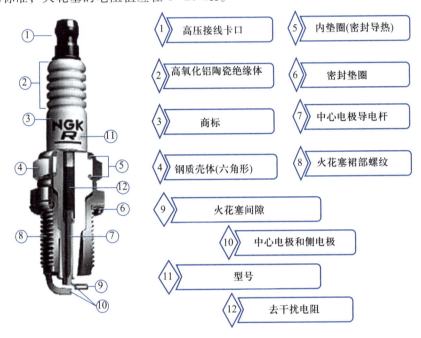

①	高压接线卡口	⑤	内垫圈(密封导热)
②	高氧化铝陶瓷绝缘体	⑥	密封垫圈
③	商标	⑦	中心电极导电杆
④	钢质壳体(六角形)	⑧	火花塞裙部螺纹
⑨	火花塞间隙		
⑩	中心电极和侧电极		
⑪	型号		
⑫	去干扰电阻		

图 7-1-3　火花塞结构

（3）火花塞热特性。绝缘体裙部在发动机工作时直接与燃烧的气体接触，周期性地被加热，使绝缘体裙部温度升高，吸入的热量又不断地经垫圈、壳体、绝缘体、中心电极、金属杆等传递到气缸盖、冷却系统并散发到大气中，最终使火花塞的各部分保持一定的温度，火花塞吸收热量并向冷却系统散发的性能称为火花塞的热特性。火花塞的热特性对发动机的性能具有十分重要的影响。

火花塞的热特性主要决定于绝缘体裙部的长度，火花塞绝缘体裙部越长，其受热面积越大，传热距离越长，火花塞裙部的温度越高，这种火花塞称为热型火花塞。相反，火花塞绝缘体裙部越短，其受热面积越小，且传热距离缩短，容易散热，火花塞裙部的温度越低，这种火花塞称为冷型火花塞。裙部长度介于冷型与热型之间的火花塞，称为"普通型"火花塞，不同热特性火花塞如图 7-1-4 所示。

热型火花塞适用于压缩比低、转速低、功率小的发动机，因为这些发动机的燃烧室温度较低；冷型火花塞则适用于压缩比高、转速高、功率大的发动机。不同类型发动机应该配合使用与其热特性相适应的火花塞，否则发动机就不能正常工作。

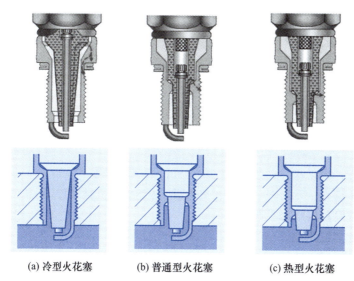

(a) 冷型火花塞　　　(b) 普通型火花塞　　　(c) 热型火花塞

图 7-1-4　不同热特性火花塞

> 🔔 **知识提示**：燃烧室温度较低的发动机，错用了冷型火花塞，很容易产生积炭；燃烧室温度高的发动机如果用了热型火花塞，因火花塞太热，则容易使发动机产生爆燃。

📱 微课
点火系统的
工作原理分
析

三、微机控制无分电器点火系统工作过程

微机控制无分电器点火系统工作过程如图 7-1-5 所示。当发动机运转时，发动机 ECU 输出点火正时信号，蓄电池电流流到初级绕组，在初级绕组产生磁通。

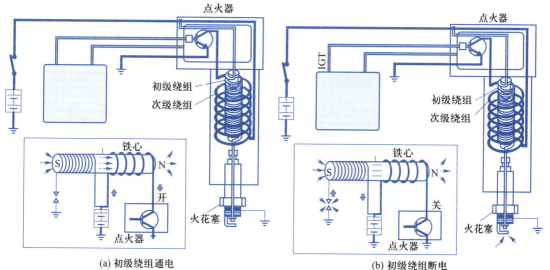

(a) 初级绕组通电　　　　　　　　　　(b) 初级绕组断电

图 7-1-5　微机控制无分电器点火系统工作过程

动画
单独点火方
式点火系统
工作原理

当发动机继续运转时，点火器按照发动机 ECU 输出的点火正时信号快速截止流向初级绕组的电流，次级绕组发生磁感应产生 30 kV 左右的电动势，火花塞电极被高压电击穿产生电火花引燃气缸内的可燃混合气。

▶ 实践指导

一、准备工作

（1）设备：火花塞、点火模块、发动机台架或整车等。

（2）工具量具：万用表、塞尺、扭力扳手、SATA 工具套件等。

（3）准备发动机维修手册。

（4）准备其他耗材。

二、点火系统主要零部件检修工作过程

微课
点火系统的
安装与检测

1. 检查火花塞

1）外观检查

检查火花塞绝缘陶瓷层是否损坏、金属螺纹连接部分是否有裂纹。火花塞的电极正常颜色为灰白色，若电极积炭严重应及时进行清洗，若电极烧蚀较严重应及时进行更换。

2）检测火花塞间隙

使用塞尺测量火花塞间隙，火花塞的间隙一般为 0.8~1.0 mm，选择合适厚度的塞尺置于火花塞中心电极与侧电极之间，来回抽动塞尺，有适当阻力即可，如图 7-1-6 所示。测量过程中注意，不可用过厚的塞尺片硬塞，一般测量时塞尺片应按由薄到厚的顺序选取。

图 7-1-6　检测火花塞间隙

2. 检测点火线圈

1）外部检查

检查点火线圈的外部，若绝缘盖破裂或外壳破裂，应更换新件。

2）初级绕组、次级绕组的检查

用万用表分别测量点火线圈的初级绕组、次级绕组的电阻值，应符合标准值。电子点火系统的点火线圈为高能点火线，初级绕组的电阻一般较小，检测时可参考维修手册。如桑塔纳轿车点火线圈初级绕组的电阻为 0.52~0.76 Ω，次级绕组的电阻为 2.4~3.5 kΩ；奥迪轿车点火线圈初级绕组的电阻为 0.6~0.7 Ω，次级绕组的电阻为 2.5~3.5 kΩ。

3. 检测曲轴位置传感器

曲轴位置传感器出现故障时，ECU 检测不到曲轴位置和发动机转速信号，将无法确定喷油和点火正时，发动机将立即熄火并无法起动。下面以电磁感应式曲轴位置传感器为例进行检测分析。

（1）检测电阻。关闭点火开关，拔下曲轴位置传感器导线连接器。如图 7-1-7 所示，用万用表电阻挡检测传感器插座 2、3 端子间的电阻，其阻值应为 480 ~ 1 000 Ω；检测传感器屏蔽线端子 1 与 2、3 之间的电阻，其阻值应为无穷大。各阻值如与标准不符，则应更换传感器。

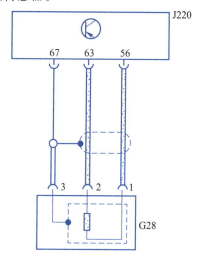

图 7-1-7　曲轴位置传感器电路连接图

检测传感器与 ECU 之间的线束有无断路或短路故障。分别检测传感器线束插头与 ECU 线束插头上端子 1 与接地、2 与 63、3 与 56 之间的电阻，阻值应不超过 0.5 Ω，如阻值与标准不符，则要对线路进行修理或更换。

（2）检测信号电压。关闭点火开关，将万用表（交流电压挡）或示波器连接在曲轴位置传感器导线连接器背面插座 2、3 端子上。起动发动机，应有 0~5 V 交流电压信号产生。

三、点火系统的安装

点火系统的安装步骤见表 7-1-1。

表 7-1-1　点火系统安装步骤

步骤	工作内容	图　示
1	安放火花塞 　　使用 16 mm 火花塞套筒将火花塞送入气缸盖上的安装座孔中，不可将火花塞直接丢进安装座孔，这样会使火花塞侧电极与座孔发生碰撞，导致火花塞间隙发生改变	
2	拧紧火花塞 　　（1）使用 16 mm 套筒将火花塞快速旋入； 　　（2）将火花塞套筒与棘轮扳手组合，对各火花塞进行预紧；（注意不要拧得过紧以防超过规定拧紧力矩，损坏火花塞） 　　（3）火花塞旋入、预紧后，使用扭力扳手将火花塞拧紧至规定力矩	 
3	安放点火模块 　　对照气缸号，依次将各点火模块放入气缸盖上的安装座孔中，并将其下压到位	

续表

步骤	工作内容	图　示
4	拧紧点火模块连接螺栓 　　（1）将点火模块连接螺栓安放在螺孔中并带入； 　　（2）选用 10 mm 小套筒与小棘轮扳手组合，将各连接螺栓拧紧	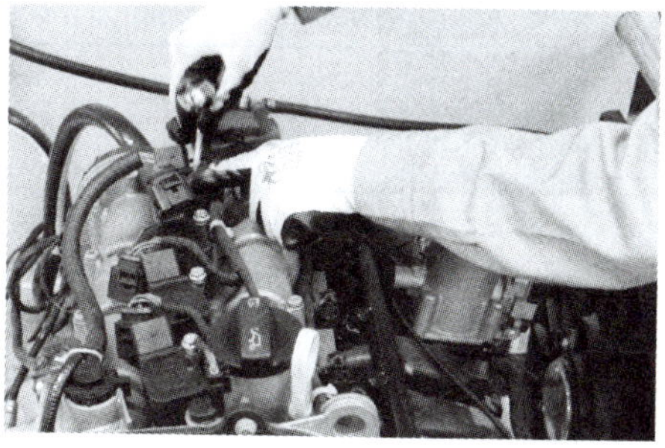
5	连接点火模块线束 　　依次连接各点火模块线束插头，线束插头上一般有防松卡扣，连接时注意按压到位，以防发动机工作时线束松脱，影响发动机的正常工作	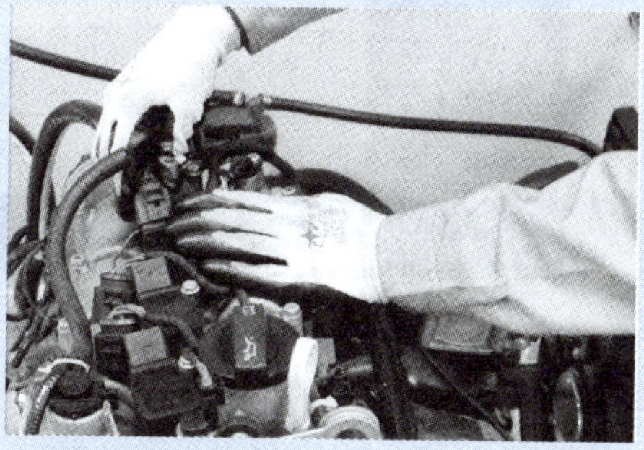
6	安装空气滤清器总成 　　将空气滤清器总成对齐缸体上的连接部位，将其下压到位，连接空气滤清器总成上的真空管	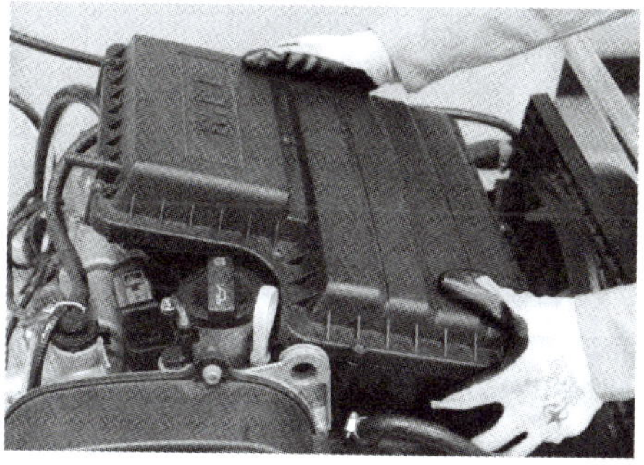

【任务实施】

一、查询并记录发动机信息

发动机型号		发动机排量	

二、按照维修手册技术要求安装、检查点火系统各部件

1. 检查火花塞，并记录相关检查结果。

目视检查	□正常　　　　□积炭　　　　□烧蚀　　　　□破损	
火花塞间隙	标准值：　　　　　　测量值：	
	□正常　　　□过大　　　□过小	

2. 检测点火线圈，并进行判定分析。

检查项目	初级绕组阻值	初级绕组阻值	供电电压	负极搭铁
标准值				
测量值				
判　定	□正常 □异常	□正常 □异常	□正常 □异常	□正常 □异常

3. 检测曲轴位置传感器，并进行判定分析。

检查项目	阻值	绝缘性	负极搭铁	信号电压
标准值				
测量值				
判　定	□正常 □异常	□正常 □异常	□正常 □异常	□正常 □异常

4. 描述点火系统各部件具体装配顺序、内容与装配注意事项。

步骤	操作内容	注意事项

【任务评价】

序号	评分项目	评分标准	配分	得分
一	安全作业	1. 能进行设备和工具安全检查（6分） □1.1 检查作业所需的工具设备是否完备（2分） □1.2 检查作业环境是否配备灭火器（2分） □1.3 检查驻车制动器是否拉起（2分） 2. 能进行车辆安全防护操作（6分） □2.1 正确安装车辆绝缘翼子板布和格栅垫（2分） □2.2 正确安装车内四件套（2分） □2.3 正确安装车轮挡块（2分） 3. 能进行三不落地操作（3分） □3.1 作业过程中做到油液不落地（1分） □3.2 作业过程中做到工具不落地（1分） □3.3 作业过程中做到零件不落地（1分）	15分	

续表

序号	评分项目	评分标准	配分	得分
二	资料查询	□1. 能查询发动机型号、排量等信息，每缺 1 项扣 1 分（4 分） □2. 能正确记录零部件参数标准值、拧紧力矩等维修信息，每缺 1 项扣 1 分（6 分）	10 分	
三	技能操作	1. 火花塞的检查（15 分） □1.1 正确选取检测位置（5 分） □1.2 规范使用相关检测量具（5 分） □1.3 根据检测结果，对火花塞工作情况给予维修判定（5 分） 2. 点火线圈的检测（15 分） □2.1 正确选取检测位置（5 分） □2.2 规范使用相关检测量具（5 分） □2.3 根据检测结果，对点火线圈工作情况给予正确的维修判定（5 分） 3. 曲轴位置传感器的检测（15 分） □3.1 正确插拔曲轴位置传感器线束连接器（5 分） □3.2 正确选取检测位置（5 分） □3.3 规范使用相关检测仪器设备（5 分） 4. 点火系统的安装（15 分） □4.1 装配任务完整，无零件漏装、错装（5 分） □4.2 按照正确流程，安装连接各零部件（5 分） □4.3 按照技术手册要求，拧紧火花塞至规定力矩（5 分）	60 分	
四	维修判定	□ 能对检测结果进行正确的判定分析，每误判 1 项扣 2 分	10 分	
五	工单填写	□1. 工单填写字迹工整（2 分） □2. 工单填写语句通顺（3 分）	5 分	
合计			100 分	

任务二 ▶▶▶

起动系统构造与检修

【任务引入】

电子起动系统操作简单，起动迅速可靠，重复起动能力强，在现代汽车上广泛应用。某车型发动机，接通点火开关后出现起动无反应现象，经排查可能是起动系统电路出现故障，这就需要对起动系统电路进行排查，需要了解起动系统具体的检修方法是什么？

【任务目标】

素质目标

1. 树立牢固的安全意识、规范意识、质量意识、责任意识；

2. 磨砺吃苦耐劳的意志品质，锤炼严谨细致的工作作风，弘扬爱岗敬业的职业精神。

知识目标

1. 熟悉起动系统的功用与组成；

2. 掌握起动系统主要零部件的检修方法；

3. 理解起动系统的工作过程。

能力目标

1. 能够按照汽车维修操作要求完成起动系统主要零部件的检测；

2. 能够按照汽车维修操作要求规范、熟练地完成起动系统的电路排查。

知识拓展：起动发动机时的安全规则

（1）发动机起动前应首先检查各部位的装配工作是否已全部结束，油底壳内的润滑油、散热器的冷却液是否加足；变速杆是否处于空挡；驻车制动器是否拉紧。

（2）被调试发动机应具有完好的起动装置。

（3）在工厂里调试发动机时，应打开门窗，使空气畅通，并尽可能将排气管排放的废气接到室外。

（4）发动机起动后，应及时检查各仪表工作是否正常。

（5）在发动机运转时，操作者要防止风扇叶片伤人；发动机过热时，不得打开水箱盖，谨防沸水喷出烫伤操作人员；汽车路试后进行底盘检修时，要防止被排气管烫伤。

【任务学习】

▶ 理论引导

一、起动系统的作用与要求

作用：为曲轴提供外力，使发动机能运转至怠速。

要求：起动时，起动机驱动齿轮与飞轮齿圈啮合，应无冲击，柔和啮合；起动过程中，起动机工作平顺，起动后驱动齿轮打滑，并能及时退出啮合；发动机起动后，驱动齿轮不应再次进入啮合以防损坏；起动机体积紧凑，质量轻，工作可靠。

视频
起动机的作用

二、起动系统的组成

起动系统主要由起动开关、起动机、蓄电池等组成，如图 7-2-1 所示。

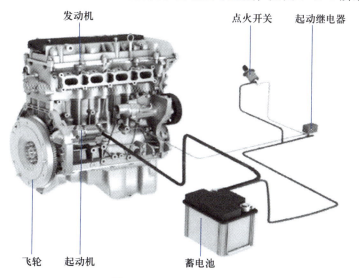

图 7-2-1 起动系统组成

微课
起动系统的组成与工作过程

起动机是起动系统的核心组成部件，起动机一般由直流串励式电动机、传动机构、控制装置三个部分组成，如图 7-2-2 所示。

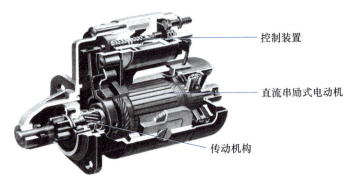

控制装置

直流串励式电动机

传动机构

图 7-2-2   起动机结构组成

1）直流串励式电动机

功用：将蓄电池输入的电能转换为机械能，产生电磁转矩。

结构：主要由电枢、磁极、换向器和电刷等构成。

（1）电枢。直流电动机的转动部分称为电枢，又称转子。转子由外圆带槽的硅钢片叠成的铁心、电枢绕组、电枢轴和换向器等组成，如图 7-2-3 所示。它将蓄电池输入的电能转换为机械能，产生电磁转矩。

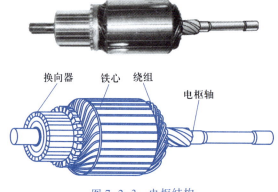

换向器   铁心   绕组

电枢轴

图 7-2-3   电枢结构

（2）磁极。磁极作用是产生磁场，由固定在电机壳体内的磁极铁心和磁场绕组组成，磁极一般是 4 个，两对磁极相对交错安装在电机的壳体内，定子与转子铁心形成磁通回路，如图 7-2-4 所示。

（3）电刷和电刷架。电刷和电刷架作用是将电流引入电枢，使电枢产生连续转动。一般一个电刷架共有 4 个电刷，如图 7-2-5 所示。

2）传动机构

传动机构的作用是把直流电动机产生的转矩传递给飞轮齿圈，再通过飞轮齿圈把转矩传递给发动机的曲轴，使发动机起动运转；起动后，飞轮齿圈与驱动齿轮自动打滑脱离。传动机构一般由驱动齿轮、单向离合器、拨叉、弹簧等组成。

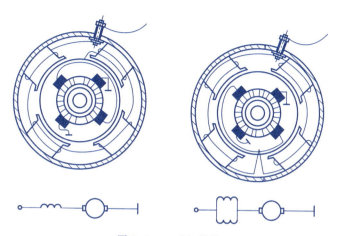

图 7-2-4　磁极结构

3）控制装置

控制装置在起动机上又称电磁开关，它的作用是控制驱动齿轮与飞轮齿圈的啮合与分离，并控制电动机电路的接通与切断，如图 7-2-6 所示。

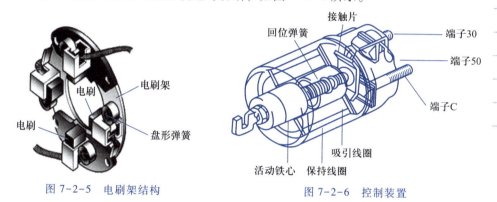

图 7-2-5　电刷架结构　　　　图 7-2-6　控制装置

三、起动系统工作过程

1. 工作过程分析

如图 7-2-7 所示，当点火开关转到起动挡时，起动机电磁开关的保持线圈和吸引线圈同时通电，将电磁开关吸合，蓄电池直接向直流电动机供电，起动机带动发动机运转；同时，吸引线圈因两端电位相等而断电，只有保持线圈起作用将电磁开关保持在吸合位置。发动机起动后，飞轮带动起动机小齿轮旋转，起动机单向离合器打滑，切断发动机和起动机之间的联系。关闭点火开关，保持线圈断电，电磁开关断开，启动过程结束。

2. 电路分析

起动系统电路可分为主供电路和控制电路。

主供电路在起动机工作时为起动机励磁线圈和电枢绕组提供电流。

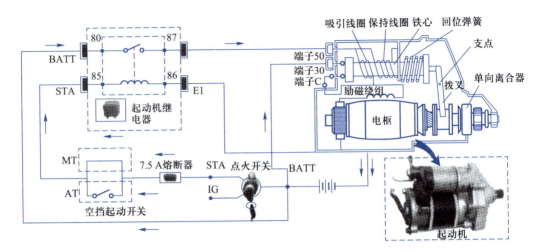

图 7-2-7 起动系统电路

控制电路的作用是控制起动机电磁开关动作，一方面使起动系统主供电路接通，另一方面使起动机小齿轮与飞轮啮合，达到使起动机带动发动机飞轮齿圈转动的目的。

控制电路又分起动继电器线圈回路和起动继电器触点回路。

（1）起动继电器线圈回路如图 7-2-8 所示。蓄电池"+"经点火开关→空挡起动开关→起动继电器线圈 1 号、3 号端子→搭铁回到蓄电池"−"。

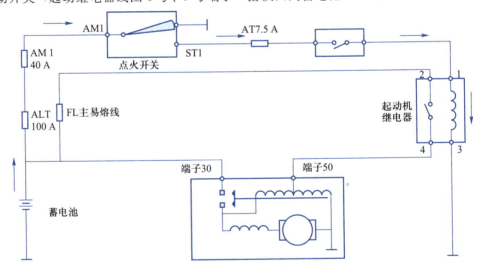

图 7-2-8 起动继电器线圈回路

（2）起动继电器触点回路如图 7-2-9 所示。蓄电池"+"经起动继电器动触点 2 号、4 号端子再分两路，一路由保持线圈回到搭铁；另一路从吸引线圈→起动绕组通过电机搭铁回到蓄电池"−"。

（3）主供电回路，如图 7-2-10 所示。蓄电池"+"经起动机电源主接柱 30 端子→电磁开关触盘→起动转子绕组和定子绕组→搭铁回到蓄电池"−"。

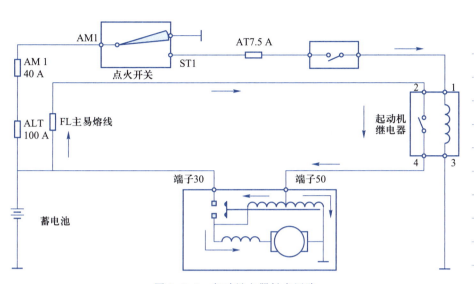

图 7-2-9　起动继电器触点回路

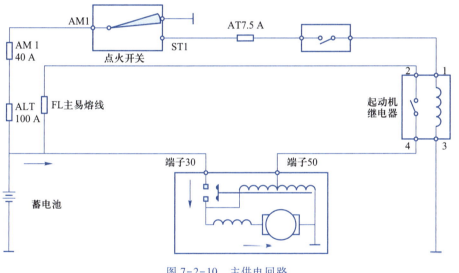

图 7-2-10　主供电回路

> **实践指导**

一、准备工作

（1）设备：发动机运行台架或整车等。

（2）工具量具：数字式万用表、SATA 工具套件等。

（3）准备发动机维修手册。

（4）准备其他耗材。

二、起动系统检修

1. 蓄电池检查

检查蓄电池极柱是否有腐蚀，接线是否牢靠，用万用表电压挡检测蓄电池电压应该不低于 12 V。

2. 起动系统的电路检测

1）起动机端子 30 电压检测

打开点火开关，检测起动机端子 30 与搭铁之间的电压，如图 7-2-11 所示，测得电压应为蓄电池电压。如果电压较低或为零，则要检查蓄电池极桩上的线夹连接是否正常。

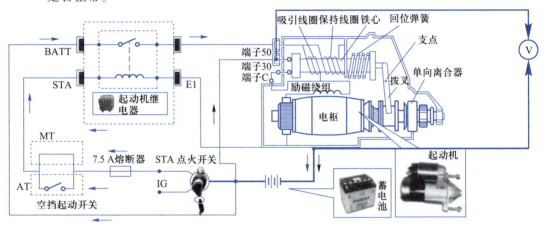

图 7-2-11　起动机 30 号接线柱电压检测

2）电磁开关线圈检测

使用万用表电阻挡，测量起动机电磁开关保持线圈、吸引线圈的电阻，其阻值应符合规定。若阻值为无穷大，说明线圈断路；若阻值小于规定值，说明线圈存在局部短路。线圈断路或严重短路时，要重新更换电磁开关。

判断起动机保持线圈是否完好，可通过测量端子 50 与搭铁之间的阻值来实现，如图 7-2-12 所示。

吸引线圈是否完好，可通过测量端子 50 与端子 C 的阻值来判定，如图 7-2-13 所示。

正常情况下，两线圈的阻值都很小。如果阻值较大，则需检查电磁开关内保持线圈、吸引线圈的连接处是否有松脱或接触不良。

3. 起动机通电试验

将起动机的端子 50、端子 30 与蓄电池正极相连，外壳接蓄电池负极，起动机应能平稳运转，同时驱动齿轮移出。

（1）如果起动机不工作，要检查电磁开关。

（2）如果起动机驱动齿轮能啮入飞轮齿圈，但不能转动或转速很低，则要检查

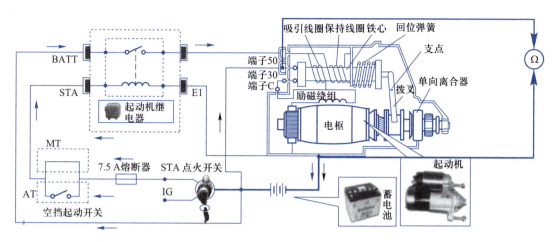

图 7-2-12　检测起动机保持线圈

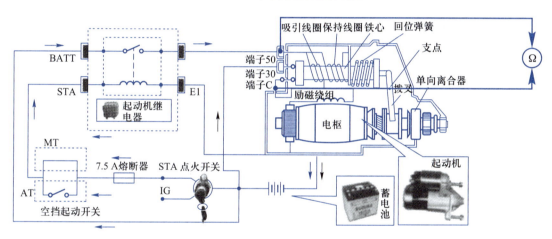

图 7-2-13　检测起动机吸拉线圈

蓄电池是否亏电、蓄电池极柱线夹及起动机电源是否连接不良、起动机电磁开关触点及电动机是否良好。

（3）断开端子 50 后，起动机应立即停止转动，同时驱动齿轮缩回。

【任务实施】

一、查询并记录发动机信息

发动机型号		发动机排量	

二、按照维修手册技术要求检查起动系统电路

1. 检查蓄电池，并记录相关检查结果。

接线柱连接	
蓄电池电压	

2. 检查电磁开关，并记录相关检查结果。

检测项目	吸引线圈阻值	保持线圈阻值
测量值		
判　定	□正常　□异常	□正常　□异常

3. 检查起动系统电路，并记录相关检查结果。

检测项目	端子 30 供电电压	端子 50 供电电压	起动机搭铁
测量值			
判　定	□正常　□异常	□正常　□异常	□正常　□异常

4. 检查起动继电器，并记录相关检查结果。

检测项目	端子 30 供电电压	端子 87 搭铁	线圈阻值
测量值			
判　定	□正常　□异常	□正常　□异常	□正常　□异常

5. 描述起动系统工作过程。

【任务评价】

序号	评分项目	评分标准	配分	得分
一	安全作业	1. 能进行设备和工具安全检查（6分） □1.1 检查作业所需的工具设备是否完备（2分） □1.2 检查作业环境是否配备灭火器（2分） □1.3 检查驻车制动器是否拉起（2分） 2. 能进行车辆安全防护操作（6分） □2.1 正确安装车辆绝缘翼子板布和格栅垫（2分） □2.2 正确安装车内四件套（2分） □2.3 正确安装车轮挡块（2分） 3. 能进行三不落地操作（3分） □3.1 作业过程中做到油液不落地（1分） □3.2 作业过程中做到工具不落地（1分） □3.3 作业过程中做到零件不落地（1分）	15分	
二	资料查询	□1. 能查询发动机型号、排量等信息，每缺1项扣1分（4分） □2. 能正确记录零部件参数标准值、拧紧力矩等维修信息，每缺1项扣1分（6分）	10分	

续表

序号	评分项目	评分标准	配分	得分
三	技能操作	1. 电磁开关的检查（20分） □1.1 正确选取检测位置（5分） □1.2 规范使用相关检测量具（5分） □1.3 根据检测结果，对电磁开关工作情况给予正确的维修判定（10分） 2. 起动系统电路的检测（20分） □2.1 正确选取检测位置（5分） □2.2 规范使用相关检测量具（5分） □2.3 根据检测结果，对起动系统电路工作情况给予正确的维修判定（10分） 3. 起动继电器的检测（20分） □3.1 正确选取检测位置（5分） □3.2 规范使用相关检测量具（5分） □3.3 根据检测结果，对起动继电器工作情况给予正确的维修判定（10分）	60分	
四	维修判定	□ 能对检测结果进行正确的判定分析，每误判1项扣2分	10分	
五	工单填写	□1. 工单填写字迹工整（2分） □2. 工单填写语句通顺（3分）	5分	
合计			100分	

参考文献

［1］上海通用汽车有限公司．汽车发动机机械及检修［M］．北京：高等教育出版
社，2018．

［2］上海通用汽车有限公司．汽车发动机控制系统及检修［M］．北京：高等教育出版
社，2020．

［3］陶金忠，刘红忠，孙绍林．汽车发动机构造与维修［M］．北京：科学技术文献出版
社，2015．

［4］张明，杨定峰．汽车发动机机械系统检修［M］．北京：人民邮电出版社，2017．

［5］北京中车行高新技术有限公司职业教育培训评价组织．汽车运用与维修（含智能
新能源汽车）1＋X 证书制度职业技能等级标准［M］．北京：高等教育出版
社，2019．

读者意见反馈

为收集对教材的意见建议,进一步完善教材编写并做好服务工作,读者可将对本教材的意见建议通过如下渠道反馈至我社。

咨询电话　　400-810-0598

反馈邮箱　　gjdzfwb@ pub. hep. cn

通信地址　　北京市朝阳区惠新东街 4 号富盛大厦 1 座
　　　　　　　高等教育出版社总编辑办公室

邮政编码　　100029